NOUVELLES ARCHIVES

DES

MISSIONS SCIENTIFIQUES

ET LITTÉRAIRES

CHOIX DE RAPPORTS ET INSTRUCTIONS

PUBLIÉ SOUS LES AUSPICES

DU MINISTÈRE DE L'INSTRUCTION PUBLIQUE ET DES BEAUX-ARTS

NOUVELLE SÉRIE

Fascicule 12

PARIS

IMPRIMERIE NATIONALE

MDCCCCXIV

NOUVELLES ARCHIVES

DES

MISSIONS SCIENTIFIQUES

ET LITTÉRAIRES

NOUVELLES ARCHIVES

DES

MISSIONS SCIENTIFIQUES

ET LITTÉRAIRES

CHOIX DE RAPPORTS ET INSTRUCTIONS

PUBLIÉ SOUS LES AUSPICES

DU MINISTÈRE DE L'INSTRUCTION PUBLIQUE ET DES BEAUX-ARTS

NOUVELLE SÉRIE

Fascicule 12

PARIS

IMPRIMERIE NATIONALE

MDCCCCXIV

LES SOURCES MANUSCRITES
DE L'HISTOIRE DE L'AMÉRIQUE LATINE
À LA FIN DU XVIIIe SIÈCLE
(1760-1807),

PAR M. DESDEVISES DU DEZERT.

Les Indes espagnoles et portugaises formaient, à la fin du xviiie siècle, un immense empire qui s'étendait sur un tiers de l'Amérique du Nord et sur l'Amérique du Sud presque tout entière. Tous ces pays relevaient soit du Conseil des Indes siégeant à Madrid, soit du Conseil d'Outre-mer siégeant à Lisbonne. Toute mesure prise, tout procès jugé aux Indes étaient soumis au contrôle de ces Conseils, toute loi, toute décision intéressant les Indes passait par eux. C'est donc dans leurs archives qu'il faut chercher les renseignements indispensables pour déterminer le caractère du gouvernement espagnol ou portugais en Amérique, et c'est à ces dépôts qu'il faut recourir si l'on veut connaître l'état politique, économique et social de l'Amérique latine à cette époque, où la vie locale n'existait pour ainsi dire pas et où l'action du gouvernement central se faisait partout sentir.

Les archives de l'Amérique espagnole sont conservées, en très grande partie, aux Archives des Indes de Séville. Des portions très importantes sont restées à Simancas et aux Archives historiques nationales installées aujourd'hui à Madrid. Les archives du Conseil portugais d'Outre-mer sont gardées à la Bibliothèque nationale de Lisbonne et aux Archives de la Torre do Tombo, en cette même ville. De là les différents chapitres de cette étude.

I
LES ARCHIVES DES INDES À SÉVILLE.

ORIGINES.

Le premier document relatif à l'histoire des Archives des Indes est une cédule royale donnée par Charles-Quint à Valladolid, le

30 juin 1544, et ordonnant la concentration de tous les documents relatifs aux Indes dans le château de Simancas, érigé depuis quatre ans en dépôt général des archives du royaume. Les premiers envois de documents remontent à 1567, d'autres remises eurent lieu en 1582, 1603, 1619, 1658 et 1718. La Chambre des Indes [1], la Chambre de commerce des Indes (*Casa de contratación de Indias*) [2], le Consulat de Séville [3] gardèrent leurs archives particulières.

CRÉATION DU DÉPÔT DES ARCHIVES DES INDES.

En 1779, Charles III chargea Jean Baptiste Muñoz d'écrire une histoire générale des Indes, et l'érudit s'aperçut bien vite des difficultés que présentait son sujet; les documents qu'il avait à consulter se trouvaient dispersés à Simancas, à Séville et à Cadix. En avril 1781, il passa à Simancas; il y trouva les papiers des Indes mal gardés dans une pièce mansardée. « Inimaginables, dit-il, étaient la confusion et le désordre dans lesquels ils étaient rangés pour la plupart. Il semble que l'on n'avait pas pris d'autre peine que d'entasser à l'aventure les liasses envoyées de Madrid depuis Philippe II jusqu'en 1718. Seuls les papiers provenant de la dernière remise étaient régulièrement rangés; les autres se trouvaient divisés en deux lots à peu près égaux. D'un côté les documents appelés *de justice*, les plaids, les redditions de comptes, les inspections, les informations; de l'autre côté tous les autres, qui sous le nom de papiers administratifs (*de gobierno*) formaient une masse confuse [4].

Le Conseil des Indes connaissait la situation et avait envoyé à Simancas des commissaires munis d'instructions précises, mais ils

---

[1] Section du Conseil formée de conseillers nommés par le roi et auxquels appartenaient la juridiction gracieuse et le patronage des Églises.

[2] Transférée à Cadix en 1717, rendue inutile par l'ouverture des ports d'Espagne au commerce des Indes et supprimée le 18 juin 1790.

[3] Établi en 1778.

[4] Mémoire écrit en 1787 par Jean Baptiste Muñoz. — Cité dans la brochure : *El Archivo de Indias y la Sociedad de publicaciones históricas*, Madrid, 1913, XXXI pages et 4 photogravures. Préface du Dr Pio Zabala y Lera, professeur d'histoire à l'Université centrale et président de la Ligne Cervantine. Cf. Pedro Torres Lanzas, *Archivo general de Indias de Sevilla*, dans le *Bolletin del Instituto de estudios americanistas de Sevilla*, n° 1, 1913.

s'étaient heurtés à des résistances inattendues et en avaient référé à l'autorité supérieure. Par la voie réservée, Muñoz obtint des ordres royaux pour diriger l'enquête et faciliter les opérations des commissaires. Il comprit l'avantage qu'il y aurait à concentrer en un même lieu tous les documents relatifs à l'histoire des Indes; il s'en ouvrit au marquis de Sonora, qui songea à placer le nouveau dépôt à la Bourse de Séville, laissée à l'abandon depuis le transfert de la Chambre de commerce à Cadix. En 1784, Muñoz fut envoyé à Séville et à Cadix, et le roi l'autorisa à examiner sur place le projet d'installation des archives à la Bourse (*Lonja*) de Séville.

Le palais date du xvi° siècle. Les négociants sévillans avaient obtenu, en 1543, la permission de se réunir au Vieil Alcazar; puis, le commerce des Indes se développant chaque jour davantage, ils s'étaient assemblés sur les degrés de la cathédrale; les jours de pluie, on se réfugiait dans l'église. L'archevêque ayant protesté contre les intrus, la construction d'un palais spécial fut décidée le 30 octobre 1572; Juan de Herrera fournit les plans et Juan de Mijares dirigea les travaux, qui furent terminés le 14 août 1598.

La Bourse de Séville est un palais d'aspect tout italien; bâtie sur plan carré, elle mesure 56 mètres de côté et 18 mètres de hauteur; le rez-de-chaussée et l'unique étage sont percés de onze ouvertures séparées par des pilastres d'ordre toscan; une belle cour à double rang d'arcades, avec colonnes engagées d'ordres toscan et ionique, occupe le milieu de l'édifice. Le rez-de-chaussée renferme plusieurs grandes salles voûtées, qui prennent jour sur la rue et s'accèdent par les galeries intérieures. Un des côtés du palais est occupé tout entier par le grand escalier, magnifique construction en jaspe de Malaga, surmontée d'une voûte à caissons. Les trois autres côtés formaient alors, au premier étage, une enfilade de treize pièces voûtées en coupoles, communiquant toutes les unes avec les autres et avec la galerie intérieure. Le choix de Muñoz était donc excellent. Le roi fit bien les choses et accorda tous les crédits nécessaires pour l'installation des archives.

Muñoz fit dresser les plans de restauration et d'aménagement du palais, dessiner le modèle des armoires [1]. On commanda à La Havane le bois de caoba destiné à leur construction, on fit venir de Malaga le jaspe rose pour le dallage des salles et le soubasse-

---

[1] Elles furent exécutées par Blas Molner, directeur de l'Académie des Beaux-Arts de Séville.

ment des armoires; les travaux étaient en pleine activité quand Muñoz quitta Séville, au printemps de 1785, pour se rendre en Portugal. Gregorio de Fuentes, qui devint archiviste en 1787, resta chargé de la direction de l'entreprise; l'inquisiteur Antonio de Lara y Zuñiga fut nommé surintendant des Archives et directeur des travaux.

Le 4 octobre 1785, les premiers documents arrivèrent à Séville[1]; et les envois se succédèrent à intervalles réguliers pendant tout le xixe siècle. Le dernier date de 1903.[2]

Les Archives étaient dès lors organisées; un archiviste titulaire les dirigeait, assisté de quatre employés, et, comme le dit Muñoz avec un juste orgueil, « le roi avait un joyau de plus ».

A mesure que les Archives s'enrichirent, les archivistes cherchèrent à s'étendre et il arriva un moment où les collections se trouvèrent trop à l'étroit dans les quatre salons et les trois galeries qui avaient, au premier étage, remplacé les treize pièces du plan primitif. Les archivistes demandèrent à prendre possession du rez-de-chaussée; mais malgré les ordres les plus décisifs, leurs prétentions n'ont triomphé qu'au cours de l'année 1913. La *Commission des travaux du Guadalquivir* a fini par abandonner la partie du rez-de-chaussée qu'elle occupait et, sous l'active impulsion du directeur actuel M. Pedro Torres y Lanzas, les Archives des Indes sont en

---

[1] Deux convois avaient quitté Simancas les 20 et 21 septembre. Le premier se composait de onze voitures, le second de treize. Deux grandes caisses, comprenant les papiers de Juan de Palafox et des réguliers expulsés (jésuites) et les documents mis à part par J. B. Muñoz pour écrire l'histoire des Indes, restèrent à Madrid au Secrétariat du bureau universel.

[2] 1786 (30 novembre). Documents provenant de la Contaduría générale du Conseil.

1791. Documents provenant de l'Audience de commerce de Cadix.

1827. Documents provenant du Secrétariat d'État, et du Bureau de finances des Indes.

1856-1857. Trois remises de papiers provenant du Ministère d'État (direction d'Outre-mer).

1859-1860. Documents provenant du Ministère de la Guerre.

1863-1864. Documents provenant de la Direction générale et du Ministère d'Outre-mer.

1871. Documents provenant du Ministère d'État.

1887. Documents provenant du Ministère d'Outre-mer.

1888-1889. Quatorze envois de papiers provenant de Cuba.

1903. Papiers provenant de Cadix.

pleine voie de transformation. Les documents provenant de Cuba, et jusqu'ici indisponibles, sont disposés sur des planches dans les salles basses de l'édifice. Les arcades de la cour sont fermées de verrières et vont former un musée des Indes espagnoles. La salle de travail, trop petite et assez incommode, va occuper une partie du grand vestibule, fermé à l'est par de hautes verrières qui laisseront passer la lumière sans que le soleil gêne jamais beaucoup les travailleurs. On projette mieux encore; il est question de couvrir la cour d'un dôme de verre et de la convertir en une salle de travail idéale. Ce plan serait même déjà en voie d'exécution si l'argent, fourni par un généreux donateur, n'avait dû être abandonné pour une œuvre philanthropique plus urgente encore.[1].

Nous avions fait une première visite aux Archives des Indes en 1894 [2], au temps où M. Carlos Jimenez Placer les dirigeait; nous avons été heureux de retrouver son fils parmi les collaborateurs de M. Torres, et de constater que les hospitalières traditions d'autrefois sont restées celles de la maison. Nous avons rencontré chez le directeur et ses collègues, et jusque chez les plus modestes employés, une bienveillance et une complaisance qui nous ont rendu notre séjour des plus agréables et nous ont grandement facilité notre travail. Tandis que nous nous étions trouvé à peu près seul en 1894, nous avons vu en 1913 aux Archives des Indes plusieurs érudits américains, un professeur portugais, un historien argentin, et nous leur avons quelque peu envié les longs loisirs dont ils disposent pour profiter des richesses de cet inestimable dépôt.

INDICATION GÉNÉRALE
DES FONDS CONSERVÉS AUX ARCHIVES DES INDES.

Les fonds conservés aux Archives des Indes embrassent toute l'histoire du Nouveau Monde espagnol, depuis les origines de la colonisation jusqu'à l'émancipation des États américains. M. Torres

---

[1] L'un des citoyens les plus considérables de Séville, M. Miguel Sanchez Dalp a dressé un fort beau plan d'agrandissement de la ville qui changerait l'attribution de la *Lonja;* elle deviendrait le palais archiépiscopal, et les Archives des Indes et l'Université s'installeraient à la manufacture des tabacs reportée ailleurs.

[2] Cf. G. DESDEVISES DU DEZERT, *Mission en Espagne* (*Nouvelles archives des Missions scientifiques*, t. VI, 1895).

y Lanzas les divise en neuf sections, dont il nous donne le titre et dont il nous indique l'importance relative.

1. *Fonds provenant du Patronage royal* (Real patronato) *sur les Églises du Nouveau Monde.* — Formée par un des premiers employés des Archives, cette collection comprend les documents les plus anciens, relatifs aux premiers temps de la découverte des Indes. Elle occupe deux armoires (*estantes*) et comprend 294 liasses (*legajos*). Il a été dressé un inventaire en un volume des papiers de chaque armoire, avec index alphabétique des noms de personnes et des noms de lieux. Voici une liste des matières auxquelles se rapportent les documents de cette section : Bulles et brefs pontificaux expédiés à l'occasion de l'érection des cathédrales et de la nomination des archevêques. — Découvertes, descriptions, colonisation, documents provenant de Christophe Colomb, de Fernand Cortez, de Magellan, de Loaysa, de Cabot, d'Alcazaba, relatifs à la Nouvelle-Espagne, aux Philippines, à la Nouvelle-Grenade, aux Moluques. — Rapports sur les premiers explorateurs et conquérants. — Concessions d'armoiries. — Documents relatifs au gouvernement des Indes en général. — Comptes de l'or qui fut fondu et paya le quint du roi. — Documents relatifs à la conspiration de Nouvelle-Espagne, à la liberté et au service personnel des Indiens, aux mines, à Fr. Bartolomé de las Casas, aux flottes et aux amiraux.

2. *Documents amenés de Simancas en 1785 et provenant du Conseil des Indes et des ministères.* — Ils occupent les armoires 53 à 155 et comprennent environ 18,860 liasses. Un inventaire général en trois volumes en a été dressé. Le premier et le second volume ont suivi l'ordre géographique et rangent les documents par viceroyautés et par audience. Le troisième, intitulé Matières diverses (*Yndiferente general*), classe les pièces d'après leur nature et dans leur ordre chronologique. Principales rubriques : Registres de cédules royales. — Ordres du roi. — Consultations. — Correspondance des autorités et des particuliers. — Dossiers, instances, informations d'office et particulières. — Nominations aux emplois, titres et feuilles de service. — Comptes et états. — Tabac. — Mercure. — Monnaie. — Mines. — Soulèvements, pacifications, fortifications, munitions de guerre. — Commerce et marine. — Ordon-

nances royales, correspondance, affaires ecclésiastiques. — Missions. — Dîmes. — Érections de paroisses. — Dans le troisième volume : Registres de cédules royales. — Consultations du Conseil et de la Chambre. — Lettres adressées au Conseil. — Jugements, informations, témoignages. — Ordres généraux. — Sentences et instances. — Pétitions et mémoires. — Affaires concernant les finances royales. — Affaires de guerre. — Papiers relatifs à la Chambre de commerce et au Consulat des Indes. — Correspondance avec le président de la Chambre de commerce. — Passagers pour la Nouvelle-Espagne et les Philippines. — Connaissements de navires. — Affaires commerciales. — Papiers relatifs aux flottes de guerre et aux convois. — Fourniture des nègres. — Affaires ecclésiastiques. — Papiers relatifs aux îles Canaries.

3. *Chambre de commerce* (Casa de contratación). — Cette section occupe les armoires 12 à 46 et compte 5,876 liasses. Elle provient de l'envoi fait en 1791 ; un inventaire détaillé en quatre volumes en a été dressé : il est accompagné d'un index des noms de personnes en quatre volumes, et d'un index des noms de lieux en un volume. Principales matières : Cautionnements des consignataires de l'or et de l'argent (*maestres de la plata*) embarqués à bord des navires. — Correspondances administratives. — Pièces intéressant le fisc. — Procédures relatives aux biens des défunts (qui n'avaient pas laissé d'héritiers aux Indes). — Contrats entre parties. — Registres des vaisseaux expédiés en convoi, ou qui faisaient le voyage de Saint-Domingue, de la Floride et de Cuba. — Registres de ceux qui revenaient en convoi ou isolés. — Registres d'aller et retour. — Registres de permissions pour les Canaries. — Registres des esclaves. — Livres des registres. — Généraux. — Papiers relatifs aux escadres de guerre. — Titres des officiers généraux et des employés de la Chambre de commerce. — Comptes des payeurs, des maîtres, des fournisseurs de vivres, des trésoriers. — Cédules royales et ordres du roi. — Lettres. — Listes de passagers. — Missions.

4. *Conseil des Indes et Trésorerie générale*. — Ces documents, remis aux archives le 30 novembre 1786, occupent les armoires 1 à 11 et comprennent 1,956 liasses, classées par ordre de matières et par ordre topographique et chronologique. Un inventaire

en un volume est accompagné d'un index en un volume, indiquant par ordre alphabétique les noms de lieux.

Les documents conservés dans cette section sont rangés suivant leurs provenances : pièces appartenant au Conseil des Indes et à ses dépendances, à la Chambre de commerce de Séville, à la Nouvelle-Espagne, au Guatemala, etc.

5. *Papiers relatifs aux Tribunaux des Indes.* — Ce fonds provient de Simancas, remplit les armoires 47 à 52 et comprend 1,187 liasses. Les documents sont classés d'après leur nature et suivant l'ordre topographique et chronologique. Il existe un inventaire en un volume et un index des noms de personnes également en un volume. On trouve dans cette section les procès jugés par les audiences des Indes et dont il avait été fait appel au Conseil, et les dossiers des affaires examinées par le Conseil.

6. *Conseil des Indes. Greffe de la Chambre.* — Les documents de cette section comprennent 1,194 liasses classées par audiences et par ordre chronologique. Faute de place dans les armoires, il a fallu les laisser à terre. Les pièces ont été inventoriées; ce sont des procès, des procès-verbaux d'inspection et de reddition de comptes, des commissions, des sentences en matière maritime, des conclusions des procureurs du roi. La majeure partie de ces liasses sont extrêmement volumineuses; si elles étaient ramenées au type normal, leur nombre serait au moins triplé.

7. *Secrétariat des relâches* (arribadas) *et Commission de contrôle des finances publiques de Cadix.* — Ce fonds comprend 6,000 liasses.

8. *Service des Postes.* — 480 liasses, classées par ordre topographique et chronologique, avec une section générale pour l'Amérique.

9. *Papiers d'État.* — 200 liasses, classées provisoirement par matières et par ordre chronologique.

10. *Papiers provenant du ministère d'Outre-mer.* — 800 liasses en cours de classement, subdivisées en quatre groupes : Cuba, Puerto-Rico, Philippines, Amérique en général, et rangées dans chaque groupe par matières et par ordre chronologique.

11. *Papiers venus de La Havane en 1887 et 1888.* — 2,540 liasses. Le Directeur les a fait transporter tout récemment dans les salles basses du palais, où elles attendent les armoires qui devront permettre leur classement définitif.

Il nous a semblé intéressant de donner ici ces renseignements généraux sur les Archives des Indes. On voit, par eux, que le travail de catalogation n'est fait qu'en partie, et comme les catalogues sont très anciens, il est permis de penser que l'œuvre pourrait être reprise avec utilité.

La Société des publications historiques a dressé le plan de vastes travaux qui, une fois exécutés, rendront certainement bien plus facile la tâche des travailleurs aux Archives des Indes. Elle se propose de publier en premier lieu un *Catalogue des documents relatifs à l'indépendance de l'Amérique.* Puis un *Inventaire général des documents conservés aux Archives des Indes* qui sera complété par un *Inventaire général des fonds relatifs à l'Amérique conservés à Simancas, aux Archives historiques nationales, aux Archives du dépôt hydrographique et aux Archives du ministère de la Guerre.* Lorsque tous ces travaux auront été exécutés, on disposera d'un *Corpus instrumentorum*, où seront mentionnés tous les documents relatifs à l'Amérique espagnole qui sont conservés dans les dépôts publics de la Péninsule. Il serait bien à désirer que tous ces documents fussent réunis au même lieu, sous le même toit et sous la même direction. Le jour où il en serait ainsi, les *Archives générales des Indes* mériteraient pleinement leur nom et le projet de J. B. Muñoz aurait reçu son entière exécution.

RÉSUMÉ DU CATALOGUE DE LA DEUXIÈME SECTION.

Nous nous sommes servi, pour nos recherches, de l'inventaire en trois volumes de la section II, dressé en 1858 par l'archiviste Aniceto de la Higuera. Nous le résumerons ici, dans l'espoir que ces notes pourront être utiles à d'autres chercheurs.

TOME PREMIER.

1. *Audience de Saint-Domingue.* — Pas de documents postérieurs à 1702. Île Espagnole, île de Cuba, Puerto-Rico, Jamaïque, Trinité, Marguerite, Cubagua, Saint-Martin, Cumana, Caracas et Venezuela, Floride.

2. *Secrétariat de Nouvelle-Espagne* et *audience de Saint-Domingue.* — Mêmes subdivisions qu'au numéro précédent.

3. *Audience de Mexico.* — Affaires laïques de tout le ressort de l'audience (xvi⁰ et xvii⁰ siècles), affaires ecclésiastiques (mêmes époques)

Mexico. — Affaires laïques et ecclésiastiques.
Puebla de los Angeles. — Idem.
Vera-Cruz. — Idem.
Guajaca (Oaxaca). — Idem.
Yucatan. — Idem.
Machoacan et Acapulco. — Idem.

4. *Secrétariat de Nouvelle-Espagne* (xvi⁰, xvii⁰ siècles), *audience de Mexico.* — Affaires laïques et ecclésiastiques de tout le ressort de l'audience.

Mexico. — Affaires laïques et ecclésiastiques.
Puebla de los Angeles. — Idem.
Vera-Cruz. — Idem.
Antequera de Guajaca. — Idem.
Yucatan. — Idem.
Mechoacan. — Idem.
Puerto de Acapulco. — Item.

5. *Audience de Guatemala.* — Affaires mixtes, laïques, ecclésiastiques (xvi⁰ et xvii⁰ siècles).

Secrétariat de Nouvelle-Espagne, audience de Guatemala. — Affaires mixtes, laïques, ecclésiastiques.

6. *Audience de Guadalajara.* — Affaires mixtes, laïques, ecclésiastiques.

Secrétariat de Nouvelle-Espagne, audience de Guadalajara. — Affaires mixtes, laïques, ecclésiastiques.

7. *Audience des Philippines.* — Affaires mixtes, laïques, ecclésiastiques.

8. *Audience de Panama.* — Affaires mixtes, laïques; commission de guerre; affaires ecclésiastiques.

Secrétariat du Pérou, audience de Panama. — Affaires mixtes, laïques, ecclésiastiques.

9. *Audience de Lima.* — Affaires mixtes, laïques; commission de guerre; affaires ecclésiastiques.

Secrétariat du Pérou, audience de Lima. — Affaires mixtes, laïques, ecclésiastiques.

10. *Audience de Santa-Fé.* — Affaires mixtes, laïques; commission de guerre; affaires ecclésiastiques.
Secrétariat du Pérou, audience de Santa-Fé. District de Santa-Fé. — Affaires mixtes, laïques, ecclésiastiques.
Idem. Province de Carthagène. — Affaires mixtes, laïques, ecclésiastiques.
Idem. Province de Sainte-Marthe. — Affaires mixtes, laïques, ecclésiastiques.

11. *Audience de Charcas.* — Affaires mixtes, laïques, ecclésiastiques.
Secrétariat du Pérou, audience de Charcas. — Affaires mixtes, laïques, ecclésiastiques.

12. *Audience de Quito.* — Affaires mixtes, laïques, ecclésiastiques.
Secrétariat du Pérou, audience de Quito. — Affaires mixtes, laïques, ecclésiastiques.

13. *Audience du Chili.* — Affaires mixtes, laïques, ecclésiastiques.
Secrétariat du Pérou, audience du Chili. — Affaires mixtes, laïques, ecclésiastiques.

TOME II.

Ce tome comprend, d'une manière générale, les documents postérieurs à 1760. Il renferme les mêmes divisions que le précédent : Saint-Domingue, Cuba, Puerto-Rico, Louisiane et Floride, Mexico (Nouvelle-Espagne, Mexico, Vera-Cruz, Yucatan), Guatemala, Guadalajara, Philippines, Panama, Lima, Cuzco, Santa-Fé (Carthagène, Sainte-Marthe), Charcas, Buenos-Ayres, Quito, Chili, Caracas.

Sous chacune de ces rubriques, sont rangées des séries de subdivisions qui se répètent toujours dans chaque section; nous donnerons ici l'indication des différentes matières contenues dans la section intitulée : *Audience de Guatemala,* on se fera ainsi une idée précise de l'ordre adopté par les rédacteurs du catalogue.

Audience de Guatemala.

Registres du tribunal et documents officiels.
Inventaire des cédules royales.
Minutes des consultes en matière ecclésiastique ou laïque.
Matières politiques.
Nominations de fonctionnaires.
Confirmations de titulaires d'offices que les propriétaires peuvent vendre ou auxquels ils peuvent renoncer.
Correspondance avec les gouverneurs-présidents des audiences.
Correspondance avec les gouverneurs de province.
Conflits avec les présidents.
Section de *fomento*.
Hôpitaux.
Rapports avec les municipalités (*cabildos seculares*).
Affaires financières : documents législatifs, pensions sur les bénéfices vacants, correspondance avec la Chambre des comptes, recouvrement des impôts, comptes des dépenses et des travaux publics, difficultés en matière de douanes et d'alcabalas.
Affaires militaires : patentes d'officiers, matières militaires, milices, fortifications, approvisionnements, consulats, permissions d'embarquement; prises, représailles, course, armements.
Affaires ecclésiastiques : renseignements sur les candidats aux évêchés et aux prébendes, consultations sur des matières ecclésiastiques dans les quatre diocèses dépendant de l'audience, mensualités ecclésiastiques [1], prises de possession des évêques, correspondance avec les prélats et les ecclésiastiques; constructions d'églises, inspections, croisade [2], missions.

---

[1] Le revenu du premier mois des bénéfices supérieurs à 300 ducats, le revenu des deux premiers mois des bénéfices supérieurs à 600 ducats étaient acquis au roi, sous le nom de *mesada eclesiastica*, sans préjudice de la *media anata* fixée au quart du revenu de la première année pour les bénéfices supérieurs à 300 ducats et à la moitié du revenu de la première année pour les bénéfices de 600 ducats et au-dessus.

[2] Impôt autorisé par Jules II en 1512 et devenu perpétuel en 1757. Chaque année, le trésor royal mettait en vente des bulles d'indulgence pour les défunts, des bulles permettant de boire du lait les jours maigres, des bulles permettant de faire gras le samedi et quatre jours par semaine en carême. Le prix variait suivant les personnes et suivant les provinces, depuis 2 réaux 16 maravédis jusqu'à 48 réaux. Le rendement de l'impôt aux colonies atteignait encore, en

TOME III.

MATIÈRES DIVERSES (*YNDIFERENTE GENERAL*).

Vice-royauté de Nouvelle-Espagne (Amérique du Nord).
Vice-royauté du Pérou (Amérique du Sud).
Registres : ample collection de registres provenant du Conseil de la Trésorerie et de la Chambre des Indes.
Commissions des affaires militaires (*junta de guerra*).
Chambre de commerce de Séville : consulats, commerce, escadres et convois, escadres, convois et navigation, contrat de la fourniture des nègres, affaires ecclésiastiques, Canaries.

INDICATION DES LIASSES CONTENANT LES DOCUMENTS LES PLUS IMPORTANTS POUR L'HISTOIRE DES INDES ESPAGNOLES DE 1760 À 1808.

Après avoir parcouru de bout en bout l'inventaire de M. Aniceto de la Higuera, nous avons dressé la liste des liasses qui nous paraissaient contenir les renseignements les plus intéressants sur l'histoire de l'Amérique espagnole de 1760 à 1808 ; nous reproduisons ici les cotes et le résumé des liasses mises à part dans ce premier triage.

1. DOCUMENTS DE CARACTÈRE GÉNÉRAL.

145-7-28-29 [1]. Procès-verbaux d'envoi de raretés pour le Cabinet d'histoire naturelle (1749-1787).

145-7-30. Titres, informations et affaires relatives aux médecins et apothicaires des Indes (1719-1825).

146-1-5. Mémoire sur l'introduction de la vaccine en Amérique (1802-1813).

1801, le somme de 13,155,870 réaux. La perception était faite par des commissaires de la Sainte-Croisade, sous le contrôle du clergé. Canga ARGUELLES, *Diccionario de la Hacienda*, Londres, 1826, 2 vol. in-4°, v° *Bula de la Santa Cruzada*.

[1] Le premier chiffre désigne l'armoire (*estante*) ; le second, le rayon (*cajon*) ; le troisième, la liasse (*legajo*).

146-1-12. Projets sur l'administration, le développement et la pacification des Indes (1742-1830).

146-2-11. Décret royal, tarifs et papiers relatifs à l'établissement de la poste maritime des Indes (1764-1805).

146-4-28-30. Pièces relatives aux permis d'imprimer délivrés aux Indes (1762-1815).

148-1-6 à 12. Revues générales d'inspection des troupes d'Amérique par le général comte de Galvez (1783-1784).

155-2-3. Affaires relatives à certains archevêques et évêques, au sujet de la visite des saintes basiliques de Saint-Pierre et de Saint-Paul, du serment de fidélité au roi, et des ordonnances royales déclarant que les évêques des Indes ne doivent pas venir se faire sacrer en Espagne (1764-1786).

2. Saint-Domingue.

78-1-3. Translation de l'audience de Saint-Domingue à Port-au-Prince (1797).

78-1-23. Lettres et affaires relatives à la municipalité de Saint-Domingue (1740-1817).

78-5-17. Lettres, rapports et duplicata provenant des gouverneurs [1] de l'audience de Saint-Domingue (1789-1821).

78-5-19 et 20. Lettres et rapports des présidents, fiscaux [2] et auditeurs de l'audience de Saint-Domingue.

78-9-26 à 34. Lettres, rapports et duplicata des gouverneurs de l'audience de Saint-Domingue (1720-1789).

79-1-13. Dossier de la cause matrimoniale intentée par Francisca de Fromista contre Andres de Ibarra devant l'audience de Saint-Domingue (1784).

79-1-17. Pièces relatives à la formation et à l'érection de la compagnie de Barcelone et ses résultats (1776).

[1] Le capitaine général était président-né de l'audience; le magistrat qui exerçait en fait la présidence portait le titre de gouverneur.
[2] Les fiscaux étaient les procureurs généraux, agents du ministère public.

79-1-22. Rapports sur les améliorations et les progrès réalisés à l'île de Saint-Domingue (1794).

79-1-29. Lettres et documents émanant de personnes ecclésiastiques et adressés à l'audience de Saint-Domingue (1792-1815).

79-1-35. Rapport sur la visite et la réforme des couvents de la Merci par Fray Francisco Cuadrado, et ses incidents (1786).

79-2-31 et 32. Controverses entre l'évêque, le chapitre ecclésiastique et le docteur Fromista (1771).

3. Puerto-Rico.

86-4-6. Conflit de juridiction entre l'intendant et le gouverneur de Puerto-Rico et arrestation du fiscal des finances.

86-5-13 et 14. Lettres et documents émanant de l'évêque de Puerto-Rico.

155-3-26. Rapport sur la visite et la réforme des couvents de l'ordre de la Merci en l'île de Saint-Domingue par le P. Fray Francisco de Cuadrado (1779-1781).

4. Cuba.

79-6-34. Administration de Pascual de Cisneros, du marquis de la Torre et du comte de Ricla (1765-1787).

79-6-35 et 36. Papiers divers recueillis dans l'inventaire après décès du comte de Ricla (1748-1781).

79-6-37. Administration d'Antonio Bucaréli (1764-1773).

81-4-16 à 27. Procès et incidents relatifs au siège, à la défense et à la capitulation de la place de La Havane lors de la guerre contre les Anglais (1762-1765).

81-5-6. Mémoire de Pedro Julian Morales, lieutenant de régidor et juge de hermandad de La Havane, contre le gouverneur de la ville qui avait créé des chefs d'escouades pour la poursuite des fugitifs, au mépris des droits du plaignant.

81-5-8. Deux mémoires du comte de Buena-Vista sur ses privilèges comme régidor et chef de la police (*alguazil mayor*) de

La Havane et sur l'obligation de chacun de ses successeurs à contribuer pour 200 pesos (1785-1786).

81-5-9. Mémoire sur l'approvisionnement de viande fraîche de La Havane et l'opposition de certains capitalistes qui s'en chargeaient à tour de rôle. Incidents divers (1785).

81-5-19. Mémoire des comtes de la Gunilla au sujet du mariage de Bonifacio Duarte avec Aniceta Valdespino, et incident criminel contre le licencié Pedro de Ayala (1790).

81-5-20 à 25. Mémoire des Indiens du village de Gignani au sujet du recouvrement des terres qui leur avaient été usurpées par des gens puissants de la ville de Cuba [*La Havane*] (1793).

81-5-26. Mémoire de Nicolasa Cisneros à l'occasion du concubinat de son mari Pedro Sanchez Carmona et contre le chantre Matias Bora et d'autres clercs (1796).

83-7-29. Mémoire contre Juan Antonio Barrutia pour abus de paperasserie dans ses bureaux et désordres dans l'administration des finances de La Havane (1778).

84-1-1. Mémoire contre le gouverneur de Cuba pour usurpations en matière de finances et de confiscations, rédigé par l'intendant d'armée de La Havane (1779).

84-1-2 à 5. Procès contre le colonel Miguel Ibañez Cuevas pour commerce illicite, et conflit de juridiction entre le tribunal des comptes et l'intendant des finances royales de La Havane (1782).

84-1-6 à 8. Enquête faite par l'inspecteur général José Pablo Valiente contre des employés et leurs complices impliqués dans les fraudes aux droits du roi pendant la dernière guerre (1785-1792).

84-1-15. Mémoire contre Jorge Monzon, trésorier de la marine à La Havane, pour fraudes et malversations (1800-1803).

84-2-17 à 19. Correspondance officielle des gouverneurs, intendants et chefs militaires de La Havane (1763-1776).

84-3-8 à 18. Revues militaires. Extraits et informations (1748-1803).

84-6-2. Plaintes de l'inspecteur de La Havane contre le capitaine général de l'île, qui avait empiété sur ses attributions; plan proposé par l'inspecteur pour assurer son indépendance (1805-1807).

84-6-3. Procès criminel contre le lieutenant José Ruiz, le sous-lieutenant José Saavedra et d'autres accusés de commerce illicite (1762).

85-1-9 à 12. Lettres et rapports des évêques de Santiago de Cuba (1608-1804).

85-1-24. Lettres et mémoires de différents ecclésiastiques (1639-1850).

85-7-13. Délimitation des domaines de quatre lieues carrées de superficie donnés par le roi aux ducs de Crillon et de Mahon à Cuba (1792).

87-3-27. Lettres et mémoires d'évêques, de chapitres et de gens d'église.

5. Nouvelle-Espagne.

61-3-9. Lettres et rapports du vice-roi du Mexique (1748-1763).

61-4-1. Lettres et mémoires de différentes municipalités du district de l'audience de Mexico (1726-1766).

61-5-4. Lettres et mémoires de différentes personnes habitant le ressort de l'audience de Mexico (1736-1767).

62-1-45. Rapport sur le peuplement et la pacification des côtes du golfe du Mexique (1736-1775).

62-6-19. Mémoire sur les privilèges et appartenances de l'État et marquisat de la Vallée de Guajaca et instances des juges conservateurs (1760-1765).

62-6-40. Lettres et rapports du gouverneur de Yucatan (1607-1761).

62-6-43. Lettres et rapports des employés royaux de la province de Yucatan (1701-1763).

63-5-16. Lettres et rapports de la municipalité de Pascuaro (1639-1766).

90-6-10. Duplicata des dépêches du vice-roi Miguel José de Azanza (1798-1800).

90-7-18. Duplicata des dépêches du vice-roi José de Iturrigaray (1803-1808).

91-2-9 à 10. Audience de Mexico. Section administrative et économique. Affaires politiques; instruction et industrie (1800-1823).

92-6-1 à 17. Rapports sur les incidents survenus à la suite de la création d'office vénaux à Orizaba par le vice-roi marquis de Cruillas (1662-1773).

92-6-19. Mémoire du duc de Monteleon et Terranova, marquis de la vallée d'Oajaca, au sujet de la nomination d'un juge conservateur du marquisat (1734-1813).

92-6-22. Rapports sur les invasions des Indiens Apaches, leur capitulation et la création de postes fortifiés et de missions au Texas (1763).

92-6-23-24. Rapports sur le soulèvement qui eut lieu à Papantla, et sur la commission donnée à un auditeur de Manille, qui se trouvait à Mexico, pour la pacification du district (1768).

92-6-26. Rapport sur la fondation d'un collège à Tlascala, demandée par Cirilo de Castilla (1780).

92-6-27. Rapport sur l'approbation des œuvres imprimées de l'auditeur de Mexico Eusebio Ventura de Belena et le livre publié par Juan del Corral, auditeur du Chili, intitulé : Commentaires des lois des Indes (1788).

92-7-1. Mémoire de Manuel Esteban Sanchez de Tagle, corregidor de Zacabran de las Mauranas, qui se plaint de l'inquiétude régnant dans ce territoire en dépit de son zèle (1791).

95-1-13. Rapport sur la machine à bluter le tabac inventée par Alonso Gonzalez (1785-1792).

95-2-1. Rapport sur les prétentions de Maria Joaquina Inca, habitante de Mexico et descendante des empereurs du Pérou (1800).

95-2-4. Rapport sur la réglementation des débits de *pulque* (1753-1790).

95-2-5 à 8. Rapport sur l'autorisation et la prohibition de l'eau-de-vie appelée *chinguerito*.

96-1-8. Expédition de quatre navires à Campêche (1752).

96-1-9. Expédition du général Juan Villalba à la Nouvelle-Espagne (1765).

96-1-11. Papiers et plans relatifs à la guerre de la Sonora (1767-1771).

96-4-16 à 20. Rapports sur l'érection et la constitution de la collégiale de $N^a S^a$ de Guadalupe, ses privilèges et sur de nombreuses autres affaires (1753-1816).

96-5-11. Lettres et mémoires de l'évêque d'Antequera de Oajaca.

96-5-24. Lettres et mémoires de l'évêque de Yucatan (1605-1819).

97-3-3. Rapport sur l'approbation du quatrième concile provincial de Mexico, sur le catéchisme et sur le livre royal (1772-1803).

97-4-8. Rapport sur deux bulles en date du 31 mars 1767, une sur l'observance du jeûne, et l'autre sur la recollection des traductions de la bulle *Libentissime* (1717).

97-4-13 et 14. Rapport sur la réforme de l'ordre des Agonisants; incident du comte de la Presa de Xalpa et autres particularités (1787).

97-4-17 à 24. Lettres et rapports sur l'observance de la vie commune par les religieux de la Nouvelle-Espagne (1773-1775).

97-5-1 à 16. Rapport de José de Cardenas sur l'administration des Indiens de la cité de Mexico (1745-1762).

97-5-17. Rapports sur la nomination aux chaires de l'Université, sur l'érection d'une chapelle de musique, l'élection de Francisco Fernandez Vallejo comme vice-chancelier et la dispense d'inscriptions pour les grades en droit civil et en droit canon (1748-1763).

97-5-19. Rapports sur les rumeurs fanatiques répandues en cette cité et renvoi en Espagne de différents individus (1767).

97-5-24. Rapport sur le nouveau pavage de Mexico et sur les réclamations de différentes communautés religieuses qui ne veulent point contribuer à la dépense (1781).

97-6-25. Rapport sur les profits que réalisent les titulaires des offices d'essayeur et de balancier à l'Hôtel royal des monnaies de Mexico (1777-1778).

98-1-4 et 5. Correspondance avec les gouverneurs de La Vera-Cruz.

98-3-16. Duplicata des dépêches de différents employés et particuliers (1777-1804).

98-3-19. Municipalité de La Vera-Cruz.

98-3-21. Rapports sur la maison de Miséricorde, l'hôpital militaire et le pénitencier de La Vera-Cruz (1781-1800).

98-5-25. Affaires militaires à La Vera-Cruz.

98-5-26. Rapports sur des conflits en matière de contrats pour la fourniture de matériaux destinés aux travaux du château de S. Juan de Ulua, à La Vera Cruz (1785).

99-1-19 à 23. Rapport sur la mort violente du gouverneur de Yucatan Lucas Galvez (1792-1802).

99-4-13. Procès intenté au régidor de Merida Ignacio Rendon, à l'occasion des grands troubles survenus dans la province de Yucatan (1785).

99-7-4. Lettres et rapports de l'évêque de Yucatan (1614-1820).

103-5-25. Correspondance avec les présidents de l'audience de Guadalajara (1734-1805).

104-3-1. Rapport sur l'histoire de la conquête de la Nouvelle Galice, écrite par le licencié Matias de la Mota (1760).

104-3-2. Rapport sur l'expédition faite à la Sonora par José de Galvez, et dons gratuits qui furent faits à cette occasion (1766-1773).

104-3-3. Expédition faite par terre à Monterey de Californie (1768-1772).

104-3-4 et 5. Rapport sur le soulèvement des Indiens de la Pimeria alta et ses divers incidents (1775).

104-7-6. Rapport sur le commerce de San Blas de Californie avec Panama (1789-1818).

104-7-22. État de la sainte église de Durango (1771-1821).

104-7-28. État de la sainte église du nouveau royaume de Léon (1792-1821).

105-1-25. Rapport sur les missions des provinces intérieures du Mexique (1768-1819).

136-2-22. Rapports sur l'approbation de la confrérie des « Laquais et esclaves espagnols du Très-Saint-Sacrement » en l'église paroissiale de La Vera-Cruz (1787-1792).

136-6-34. Rapport sur l'appel interjeté dans le procès des comtes d'Altamira et Montezuma au sujet de leurs commanderies (1776).

136-6-35 et 36. Rapport sur le développement de la culture du lin et du chanvre (1777-1795).

136-7-2. Rapport sur l'Académie royale de Saint-Charles (1783-1794).

145-7-19 à 24. Rapports sur la question de savoir s'il convient ou non de supprimer les offices de trésoriers des mineurs, d'exécuteurs testamentaires, et d'arbitres entre parties créés en différentes cités et localités des royaumes de Nouvelle-Espagne et de Pérou (1781).

155-2-11. Cédules royales et mémoires sur la béatification de divers serviteurs de Dieu (1603-1816).

155-2-12. Rapport sur la canonisation de la Vénérable Marie de Jésus Paredes (1754-1829).

155-2-13-17. Documents relatifs à la béatification du Vénérable Gregorio Lopez (1682-1790).

155-2-22-23. Documents sur l'observance de la vie commune dans les couvents de religieux chaussés de la Nouvelle-Espagne, et la pacification de leurs discordes (1731-1782).

155-3-31. Lettres et mémoires relatifs aux inspections et reformations de l'ordre des Agonisants de Saint-Antoine abbé, et visa des lettres patentes conférant des emplois à divers religieux de cet ordre (1723-1772).

155-3-32. Documents relatifs aux carmes déchaux de la province de Saint-Albert de Nouvelle-Espagne (1694-1771).

155-4-1. Lettres et pièces relatives aux religieux de saint Benoît et de saint Hippolyte martyr de Nouvelle-Espagne (1698-1774).

155-4-6. Documents relatifs à l'extinction de la Compagnie de Jésus (1767-1798).

6. Guatemala.

65-4-15. Lettres et rapports du président et des auditeurs de l'audience de Guatemala (1715-1764).

67-5-34. Rapport sur l'aumône du vin et de l'huile faite aux religieux habitant le ressort de l'audience de Guadalajara. — Documents analogues relatifs aux religieux habitant le ressort de l'audience de Guatemala (1725-1764).

100-6-9. Conflit entre le président de l'audience de Guatemala et l'audience elle-même. Le président avait dépouillé le corps municipal du droit d'élire des régidors intérimaires et l'audience soutenait la municipalité.

100-6-14 et 15. Section politique et économique.

100-6-21. Mémoire de la cité de Nicaragua au sujet des droits de ses alcades ordinaires à juger les causes civiles de son ressort (1786).

101-5-6. Rapport contre José Mariano Valero, assesseur de l'Intendance de Comayagua, pour paroles scandaleuses proférées par lui dans une Commission des dîmes (1792).

101-5-8. Procès intenté à Andres Carman, natif de Flandre, pour les excès commis par lui dans l'exercice de ses fonctions d'alcade ordinaire et de lieutenant-gouverneur de la cité de La Nouvelle-Ségovie (1792).

101-5-10. Rapport sur l'érection du collège-séminaire de Guatemala en Université, sur le modèle de celle de Mexico (1801).

102-1-10. Comptes du pénitencier (*presidio*) de San Carlos à Guatemala (1777-1796).

102-2-22. Rapport sur l'établissement d'une compagnie pour l'exploitation des mines et le commerce (1748-1759).

102-3-23-24. Comptes des familles envoyées pour peupler la côte des Mosquitos (1787).

102-5-1. Rapport contre Pedro Tot, commandant du port d'Omoa, pour commerce illicite (1770-1779).

102-5-17. Rapports sur l'établissement de milices en ce royaume de Guatemala (1757-1783).

102-7-8. Cédules royales et informations sur les aumônes de vin, de cire et d'huile concédées à des couvents (1602-1816).

103-1-30. Rapports sur la mission de 16 religieux de Saint-François à Guatemala et sur les progrès des missions de Talamanco.

7. Panama.

69-6-56-57. Rapports sur l'expédition de Noita et procès intentés aux rebelles par Dionisio de Alcedo en l'audience de Panama (1765-1767).

109-2-1. Correspondance des gouverneurs de l'audience de Panama (1774-1802).

109-6-10. Lettres de visiteurs et de religieux missionnaires (1800-1806).

8. Caracas.

130-6-7. Correspondance avec les gouverneurs (1732-1821).

131-1-28-31. Duplicata des dépêches de Manuel de Guevara capitaine général de Caracas (1799-1806).

133-2-25. Rapport sur les troubles survenus à Merida de Maracaybo et en d'autres endroits (1782).

133-3-1. Mémoire sur l'insurrection des nègres, zambos et mulâtres de la cité de Coro (1795-1798).

133-3-2 à 11. Rapports sur l'insurrection survenue à Caracas (1797-1807).

133-3-18. Documents relatifs au développement et au peuplement de l'île de la Trinité (1776-1797).

133-4-17. Cédules royales et instructions relatives au peuplement, au commerce et à la répartition des terres dans l'île de la Trinité (1776-1810).

135-5-2. Faits de guerre (1740-1823).

136-1-15. Lettres et rapports des évêques et archevêques de Caracas (1780-1816).

136-1-20. Lettres et dépêches des évêques de Maracaybo (1784-1820).

9. Santa-Fé.

73-6-46. Pièces relatives à la nomination aux chaires de l'Université de Saint-François-Xavier à Santa-Fé (1764).

117-2-26. Commission donnée à Juan Gutierrez de Pineres, régent de l'audience de Santa-Fé, pour inspecter avec ses subalternes les tribunaux de justice et de finances de la Viceroyauté (1776-1786).

117-3-4 et 5. Rapports sur les troubles qui ont éclaté dans le pays et sur les difficultés qui se sont élevées entre le régent de l'audience de Santa-Fé, le visiteur Pineres et la Commission des tribunaux (1781-1782).

117-7-6 et 7. Cédules royales, informations et rapports sur les découvertes de quinquina, de cannelle, d'huile de pétrole et de mercure faites par Sébastien Lopez Ruiz (1777-1807).

118-2-20. Rapports sur le minéral appelé platine et ses essais (1755).

155-3-19. Pièces relatives à l'inspection et à la réforme des religieux Augustins de Santa-Fé et de Quito (1774-1794).

10. Pérou.

112-4-12 et 14. Procès intenté par José Antonio de Arche au gouverneur suspendu de Guancavelica D. Juan Manuel Fernández de Palazuelos (1777-1806).

112-4-15 à 25. Documents relatifs aux soulèvements du Pérou sous la conduite de Tupac-Amaru (1780-1790).

112-5-67. Documents relatifs à la venue en Espagne de l'avocat D. Julian de Capetillo, à la suite des soulèvements du Pérou (1786-1788).

114-3-13 à 15. Procès contre Juan Francisco Marroquin et autres employés de la mine de mercure de Guancavelica (1795).

114-4-10. Pièces relatives aux mineurs saxons et allemands employés dans les mines de Guancavelica (1788-1813).

115-3-4. Faits de guerre (1778-1814):
Expéditions à Buenos-Ayres (1776-1778).
Expéditions au Rio negro (1777).
Expéditions à la côte de Guinée (1778-1780).
Expéditions sur le rio Marañon (1777-1787).

115-3-5-9. Comptes de la fabrique d'artillerie de Jimena (1786-1787).

115-6-15. Lettres de l'évêque d'Arequipa (1736-1817).

115-6-22. Documents relatifs aux plaintes de l'évêque de Guamanga contre le corrégidor (1784).

115-7-9 à 11. Pièces relatives aux querelles des religieux Agonisants et à leurs incidents (1784-1801).

116-3-2........
116-3-28 à 31.
Procès contre différents accusés de complicité dans la révolte de Tupac-Amaru et Condorcanqui. Causes intentées par l'audience de Cuzco (1780-1807).

116-4-8. Affaires militaires relatives au district de l'audience de Cuzco (1781-1792).

116-4-19 à 24. Procès intenté à l'évêque de Cuzco à la suite de la révolte du Pérou (1778-1797).

126-4-9. Hôpitaux du district de l'audience de Quito (1749-1818).

127-3-11. Pièces relatives à l'établissement des Portugais sur le Marañon et à leur pénétration par le Napo et le Putumayo (1777-1789).

128-2-4 et 6. Revues et contrats militaires (1780-1803).

128-2-19-20. Pièces relatives à la canonisation de sœur Marianne de Jésus, appelée la fleur de Quito (*Azucena de Quito*) [1752-1825].

138-6-3 et 4. Documents relatifs à l'établissement de colons anglais sur divers points (1766-1782).

146-1-4. Pièces relatives à la découverte et aux bienfaits du quinquina (1773-1822).

155-3-20 à 22. Pièces relatives aux visites et aux réformes des religieux Augustins de Lima (1775 à 1790).

155-3-25. Pièces relatives à la visite et à la réforme des religieux de la Merci à Lima, Quito, Santa-Fé et Buenos-Ayres (1772-1789).

155-3-28 à 30. Pièces relatives à la visite et à la réforme de l'ordre de Saint-Jean-de-Dieu à Lima (1772-1795).

11. Charcas.

76-1-33. Documents relatifs aux dîmes à Santa-Cruz de la Sierra (1756-1770. Audience de Charcas).

76-1-36. Pièces relatives à la translation de l'église cathédrale de Santa-Cruz de la Sierra et à l'augmentation de ses prébendes (1758-1772. Audience de Charcas).

76-2-34 et 35. Pièces relatives à la conduite de José Ignacio Coller, archidiacre de l'église cathédrale de Santa-Cruz de la Sierra (1758-1770. Audience de Charcas).

76-4-37 à 40. Rapports sur les titres des prétendants aux fonctions ecclésiastiques (sans date. Audience de Charcas).

121-3-24. Pièces relatives au marquis de Casa Castillo Herrera y Orbea, et aux troubles de Puño et Chucuito (1773).

121-4-3. Pièces relatives au soulèvement de la province de Chayanta, à la suite de divers ordres émanés de son corrégidor Joaquin Alos (1780-1781).

121-4-8 à 14. Pièces relatives au soulèvement de la ville d'Oruro et à ses conséquences (1781-1785).

122-2-5 et 6. Affaire de l'évêque de Charcas et de l'évêque auxiliaire de Santa-Cruz de la Sierra avec l'intendant de Cochabamba; ils s'attribuaient réciproquement différents excès (1806).

12. Chili.

77-6-17. Lettres et dépêches du président et des auditeurs de l'audience du Chili (1684-1760).

78-2-44 à 49. Pièces relatives à la translation de la cité de La Conception du Chili, et au tremblement de terre qui dévasta ce royaume (1751-1763).

129-3-19. Cédules royales et documents relatifs à la fondation, aux règlements et aux chaires de l'Université de Santiago du Chili.

129-3-20. Documents relatifs aux soulèvements et mouvements politiques (1781-1815).

129-7-30. Revues, livrets et contrats militaires (1767-1805).

129-7-32. Dossier sur la translation de la ville de Valdivia dans l'île de Mancera; fortification de ses ports et règlement de sa garnison (1753-1767).

145-7-10 et 11. Collection des plans et des papiers de l'ingénieur Juan Garlan sur le royaume du Chili et sur d'autres pays (1776-1815).

13. Buenos-Ayres.

122-3-17. Lettres du vice-roi de Buenos-Ayres au sujet de la prise de possession des îles d'Annobon et de Fernando Po (1778).

122-5-1. Correspondance de l'audience de Buenos-Ayres avec les gouverneurs du Paraguay (1730-1808).

122-5-2 et 3. Correspondance de l'audience avec les gouverneurs du Tucuman.

123-1-6. Duplicata des dépêches du vice-roi Joaquin del Pino (1801-1804).

123-2-2. Hôpitaux de Buenos-Ayres; informations et dossiers (1767-1806).

124-2-7. Procès de trahison intenté à Miguel Bastidas, beau-frère du rebelle Tupac-Amaru, et à ses complices (1783-1797).

124-2-9. Documents relatifs à l'état général de la vice-royauté, à la paix qui y règne et aux moyens de la conserver (1783).

124-2-10 et 11. Documents relatifs au gouvernement et à l'administration des villages d'Indiens Guaranis et Tupis (1769-1803). Il s'agit de tentatives d'organisation d'un gouvernement civil dans les anciennes Réductions des Jésuites ; elles n'eurent aucun succès.

124-2-12 et 13. Documents relatifs à l'érection de l'Université de Cordoba del Tucuman.

124-2-18. Dossier concernant les familles de colons envoyées sur les côtes de Patagonie (1778-1807).

124-2-19 et 20. Dossier de l'enquête dirigée contre Juan de la Piedra, surintendant de la côte patagonique (1779-1784).

124-3-10 et 11. Cédules royales, informations et cadres relatifs au tribut des Indiens (1685-1806).

125-6-18. Cédules royales et informations au sujet des indemnités (*ayudas de costas*) concédées à différents prélats sur les revenus des bénéfices vacants de la vice-royauté (1606-1807).

151-7. Dossier relatif à l'établissement d'une compagnie maritime de pêche sur la côte de Patagonie (1789-1804).

L'examen de ces deux cents liasses nous eût demandé au moins trois mois de travail; le temps nous étant mesuré, nous avons dû, quoique à regret, rétrécir le champ de nos recherches et nous borner aux documents qui pouvaient le mieux nous renseigner sur la vie intime de l'Amérique espagnole pendant la période 1760-1807. Nous avons ainsi fait un second triage et mis à part une centaine de liasses que nous avons dépouillées et dont nous résumerons maintenant le contenu.

LIASSES DÉPOUILLÉES AUX ARCHIVES DES INDES.

80-1-4. Gouvernement du comte de Galvez et autres à Cuba (1782-1790).

Lettres expédiées par le capitaine général Luis de Unzaga, par le comte de Galvez, par Bernardo Troncoso, par José de Ezpeleta.

Instructions données en 1777 au capitaine général Luis de Unzaga; état de l'île de Cuba à cette date.

Modifications aux instructions précédentes par le comte de Galvez en 1784.

80-4-8 et 9. Comptes des hôpitaux du Pilar et de Notre-Dame du Rosaire à La Havane (1781-1833).

85-1-12. Lettres et dépêches des évêques de Santiago de Cuba.

Pièces relatives aux querelles qui accompagnèrent en 1792 l'élection de l'évêque Joaquin Oses.

Rapports sur le grand chantre Boza, brouillon et scandaleux.

Mandement de l'évêque Oses à propos de la guerre contre la France (1793).

Lettres de l'évêque relatives à l'hôpital et au collège-séminaire de Santiago de Cuba.

85-1-13. Lettres et dépêches de l'archevêque de Santiago de Cuba (1805-1834).

Érection de la cathédrale de Santiago en archevêché (1804).

Ordre du roi de terminer au plus tôt la cathédrale (1805).

Affaire du charpentier Orellana.

85-2-24. Dossier sur les missions à Cuba.

Querelles des moines capucins du couvent de La Havane contre leur préfet, l'évêque et le gouverneur de l'île. On y voit la preuve de l'esprit de corps qui régnait chez les Castillans, de la jalousie des Catalans, du peu de zèle des uns et des autres pour les missions de Floride et de Louisiane.

87-1-5. Dossier du recensement de la population de la Louisiane et des Florides (1766-1770). États détaillés et résumés généraux. Présents d'usage aux sauvages Chactas pour 1761 et 1762. Devis pour l'organisation de l'artillerie dans la colonie.

88-5-13. Instructions que laissaient les vice-rois du Mexique à leurs successeurs (1772-1801).

Mémoires laissés par les vice-rois Revilla-Gigedo et de Croix.

90-3-2. Gouvernement du vice-roi comte de Galvez (1785-1787).

Listes de dépêches officielles adressées par le vice-roi comte de Galvez, par le secrétaire Francisco Franz de Cordova, par l'archevêque Nuñez de Haro, vice-roi par intérim.

96-4-4 et 5. État des églises de la vice-royauté de Nouvelle-Espagne.

Le contenu de cette liasse ne répond pas au titre. Ce sont des rapports sur les mérites des candidats aux diverses fonctions ecclésiastiques.

96-4-11. Lettres et dépêches de l'archevêque de Mexico (1533-1819).

Très nombreuses lettres adressées au Conseil des Indes, sur les sujets les plus divers.

Nombreux mandements de l'archevêque Alonso Nuñez de Haro y Peralta.

Rapports sur les candidats aux dignités ecclésiastiques.

Dons gratuits du clergé.

Discours d'ouverture des cours du séminaire en 1803.

Enquête contre le vice-général de l'ordre des Bethléhémites en Nouvelle-Espagne pour incontinence (1803).

96-4-27. Lettres et dépêches de l'évêque de Mechoacan (1585-1814).

Lettres relatives à des querelles avec des membres scandaleux de son chapitre.

96-5-4. Lettres et dépêches de l'évêque de La Puebla de los Angeles (1777-1818).

Lettre de l'évêque de La Puebla à l'archevêque de Mexico sur le lamentable état de l'hôpital tenu à Cordova par les Dominicains;

Sur les écoles de filles de Puebla;

Sur le don gratuit de 30,000 pesos offert en 1809 par le clergé du diocèse de Puebla.

96-5-13 à 15. Dossier de l'inspection du diocèse d'Oajaca par l'évêque (1784-1801).

Rapport de l'évêque; très méthodique et bien pensé.

Procédure sur chacun des points du rapport. Observations des fiscaux du Conseil des Indes.

Circulaires administratives adressées aux évêques de Nouvelle-Espagne.

97-5-25. Gazettes (1784-1816).

Notes constatant l'envoi régulier de la Gazette de Mexico (1784). Les Gazettes elles-mêmes ont disparu.

97-6-5. Rapports du Dr Andres Ambrosio de Llanos sur l'établissement à Mexico d'un hospice pour recueillir les mendiants et les orphelins (1796).

Une pièce donne l'histoire de la fondation de l'hôpital (de 1764 à 1796).

Pièces de procédure et rapports à l'appui.

97-6-6. Mémoires de Juan Lopez Cancelada et autres sur l'établissement de l'imprimerie à Mexico (1810).

Détails sur la fondation de la Gazette de Mexico en 1784, et sur les difficultés qui s'élevèrent en 1810 entre le vice-roi et le directeur de la Gazette, Manuel Antonio Valdès.

97-6-7. Ordonnances et pièces diverses relatives à l'Académie de Saint-Charles (1784-1812).

Lettres de nomination de membres de l'Académie.

Querelle des directeurs de peinture, de sculpture et d'architecture avec le directeur général, professeur de gravure.

Artistes pensionnés à Madrid.

Méthodes générales suivies à l'Académie (1795).

Règlement de l'Académie (1785).

99-2-2. Reddition de comptes du gouverneur de Yucatan José Merino y Cevallos.

Énorme liasse uniquement composée de mémoires judiciaires. — Parmi les pièces de procédure, un résumé, rédigé le 6 août 1791 par Leandro Poblaciones, donne la plus triste idée de l'état de la province.

99-4-11. Dossier relatif à l'établissement de l'Université dans le séminaire de Merida de Yucatan (1768-1821). Cette Université, contrariée dans son développement par la jalousie de Mexico, ne se fit pas sous le régime espagnol.

100-5-11. Inspection de la province de Honduras par ses gouverneurs (1805-1817). La tournée exécutée en 1804 par Ramon de Anguiano permet de se faire une idée exacte de l'état de la province.

101-4-1. Gazettes du royaume de Guatemala (1797-1807). Ces gazettes, rédigées dans le goût de celles d'Espagne, leur sont supérieures par la qualité des articles.

101-4-12 à 16. Dossier sur le tremblement de terre qui détruisit la ville de Guatemala. Transfert de la cité dans un nouveau site. Distribution de l'eau. Opposition de l'évêque au transfert de la cité (1773-1793).

101-4-17. Dossier relatif à la destruction de Guatemala et à sa réédification dans le Llano de la Virgén (1774).

101-4-18 et 19. Comptes des dépenses effectuées pour le transfert de l'antique Guatemala dans le Llano de la Virgén (1776-1782).

103-1-14. Dossier de la visite générale du diocèse de Guatemala par l'archevêque Pedro Torres Cortes (1770-1778).

Réponses des curés au questionnaire proposé par l'archevêque.

Listes des confréries des villages.

Conclusions du fiscal du Conseil des Indes sur les rapports de l'archevêque.

Rapport supplémentaire de l'archevêque au sujet des mesures qu'il a prises pour remettre l'ordre dans son diocèse.

103-1-15. Mémoires de l'évêque de Chiapa sur la visite de son diocèse, et sur les comptes de l'église cathédrale donnés par le chapitre (1784).

Résumé très intéressant de la visite épiscopale faite en 1778 par l'évêque de Chiapa.

Long procès entre l'évêque et son chapitre au sujet de l'administration canoniale.

Comptes de dîmes.

103-1-29. Dossiers relatifs aux missions du royaume de Guatemala (1765-1821).

Pièces relatives à un droit de 3 p. o/o sur les alcabalas du royaume accordé aux Franciscains pour la reconstruction de leur couvent de Guatémala après le tremblement de terre de 1773.

Convois de missionnaires envoyés aux frais de l'État à Guatemala en 1790 et 1804.

Missions dominicaines.

Renseignements sur les couvents de Saint-Dominique dans le diocèse de Guatemala.

103-3-24 et 25. Informations sur l'état des provinces intérieures du Mexique par le commandant général Théodore de Croix (1781-1782).

Longue querelle administrative entre le commandant général de Croix et le gouverneur de la province de Cohahuila, Juan de Ugalde.

104-7-17. Dossier des visites de l'évêché de Guadalajara (1807).

Résumé général de la visite de 1804, rédigé par le prélat lui-même.

109-1-28. Correspondance des gouverneurs de Panama et Veragua.

Longues listes de lettres administratives.

Détails sur les gouverneurs de Panama et Veragua. Leurs rapports avec la cour et le vice-roi de Santa-Fé.

105-5-26. Contrats relatifs à la fourniture des nègres.

Documents presque tous postérieurs à 1760.

Conflit d'attribution entre le vice-roi de Santa-Fé et le gouverneur de Puerto-Bello, au sujet d'un envoi de nègres en 1761.

109-6-4. Dossier de l'évêque de Panama.

Détails sur les conflits de l'évêque avec le gouverneur de La Mata.

110-3-3. Correspondance des gouverneurs de l'audience de Lima avec les vice-rois du Pérou.

Listes de lettres adressées par les vice-rois au Conseil des Indes.

Instructions adressées au chevalier de Croix, nommé vice-roi en 1783.

Représentations faites au même par un ministre, ancien vice-roi du Mexique, en 1767.

110-4-27. Duplicata des dépêches du vice-roi du Pérou (1783-1790).

Rapports contre les inventions du directeur des Tabacs.

Comptes du contrôleur de l'hôtel royal des Monnaies de Lima (1784-1789).

111-1-5. Correspondance avec les gouverneurs intendants de Guancavelica (1734-1811).

Pièces relatives aux gouvernements de Palazuelos, de Fernando Marquez de la Plata et de Manuel del Castillo.

Documents relatifs aux travaux de l'ingénieur Nordenflicht.

111-1-8 à 14. Dossier et reddition de comptes du vice-roi Manuel de Guirior.

Rapports de l'inspecteur général José-Antonio de Areche (1780-1794). Il s'agit d'une des inspections les plus fameuses qui aient eu lieu au Nouveau Monde. Areche révéla de tels abus que Guirior fut rappelé, mais les gens intéressés à la persistance des abus furent assez puissants pour faire tomber Areche en disgrâce, après plusieurs années de procédure devant le Conseil des Indes.

111-1-25. Hôpitaux et hospices du Pérou (1601-1812).

111-2-5. Visite de la province d'Arequipa par son gouverneur et intendant Antonio Alvarez Gimenez (1787-1795).

112-4-5. Ordonnances et projets économiques pour les habitants du Pérou (1752-1786).

Tome Ier des *Ordonnances du Pérou*, publié à Lima en 1752 par Thomas de Ballesteros.

Mémoire de Josef de Lagos sur un projet de réforme au Pérou (1786).

112-5-3. Procès intentés aux complices de la rébellion de Tupac-Amaru à Arequipa (1780-1790).

115-6-11. Lettres et mémoires de l'archevêque et du chapitre cathédral de Lima (1724-1812).

115-6-20. Lettres de l'évêque de Goamanga (1785-1812).

Lettre de démission de l'évêque de Goamanga pour cause de santé (1787).

Lettre sur la visite du diocèse en 1799.

115-7-7. Procès contre Simon Jimenez de Villalva, chantre du chapitre d'Arequipa (1787-1804).

115-7-15. Dossier des missions (1750-1821).

Énorme dossier du procès intenté par le curé de Chepén, du diocèse de Truxillo, aux moines Augustins qui s'étaient emparés de l'église paroissiale de Notre-Dame de Guadeloupe.

115-7-17. Dossier sur l'occupation des biens appartenant à l'ex-tribunal de l'Inquisition (1813). Procès-verbal de saisie de tous les biens appartenant au Saint-Office de Lima et inventaire de tous les objets garnissant le palais qu'il occupait.

116-4-11. Lettres et dépêches de l'évêque de Cuzco (1767-1816).

117-3-3. Duplicata des dépêches du visiteur Juan Gutierrez de Pineres (1778-1783).

Très active correspondance de cet inspecteur intelligent et zélé. Détails sur ses rapports avec l'audience, avec l'archevêque vice-roi de Nouvelle-Grenade, avec Juan Antonio Mon y Velarde[1]. Détails sur la révolte de 1781 et le châtiment des principaux coupables.

---

[1] Juan Antonio Mon y Velarde, alors auditeur à l'audience de Santa-Fé, s'annonçait comme un magistrat intègre et de haute valeur. On le retrouve en 1808 gouverneur du Conseil de Castille; il fut l'âme de sa résistance à Napoléon. Cf. notre étude sur *Le Conseil de Castille en 1808*, Paris, 1907, in-8°.

117-3-9. Hôpitaux de la vice-royauté de Nouvelle-Grenade (1598-1819).
Comptes de l'hôpital de la province de Jaen de Bracamoros.
Comptes de l'hôpital de Loja.
État général de l'hôpital de Saint-Jean-de-Dieu à Carthagène.
Léproserie de Carthagène.
Hôpital de Honda.
Hôpitaux de Santa-Fé.
Comptes des hôpitaux de Carthagène.

118-7-18. État des églises cathédrales de la vice-royauté de Santa-Fé (1727-1820).
Rapports sur les titres des candidats aux dignités ecclésiastiques.

118-7-32. Dossier des missions (1720-1819).
Envoi de missionnaires franciscains aux Indes.
Dépenses du trésor royal à ce sujet.

119-7-19. Lettres et dépêches de l'évêque de Carthagène (1752-1820).
Visites du diocèse par l'évêque (1779-1820).
Rapports sur les ecclésiastiques candidats aux dignités.
Demande de subvention d'un moine, Fray Custodio Diaz, élu évêque de Carthagène (1806).

120-3-7. Lettres et dépêches de l'évêque de Sainte-Marthe (1707-1820).
Rapport de l'évêque sur son clergé (1768).
Statistique des cités d'Ocaña et du Rio del Oro (1774).

121-4-2. Dossier relatif aux répartitions de marchandises entre les Indiens par les soins des corrégidors et sur les extorsions qui en découlent (1774).

121-4-4 et 6. Dossier sur les soulèvements des provinces de Charcas et de Buenos-Ayres, au moment des troubles suscités par Tupac-Amaru (1780-1787).

121-5-8. Documents relatifs aux plaintes des habitants de la province de Mojos contre le gouvernement de leurs curés (1787-1788).

121-7-7 et 8. Pièces relatives à la Mita de Potosi par le surintendant Ventura de San Felices.

122-1-4. Dossier relatif à l'inspection et à la mise en état des mines de Potosi par le baron de Nordenflicht et autres Allemands (1787-1799).

122-4-22 et 23. Correspondance de l'audience de Buenos-Ayres avec les gouverneurs de Montevideo (1749-1813).

124-1-1. Lettres d'affaires provenant de Buenos-Ayres et de Montevideo (1765-1772).

125-7-5. Dossiers sur les titres des candidats aux dignités ecclésiastiques de la vice-royauté de Buenos-Ayres (1809-1810).

125-7-7. Comptes et informations relatives aux missions de l'Uruguay et du Parana et incidents relatifs à l'expulsion des Jésuites (1762-1785).

125-7-8. Dossier des missions dans la vice-royauté de Buenos-Ayres (1787.1816).

127-3-13. Pièces relatives à l'établissement d'universités à Quito et à Cuenca (1789-1812).

127-3-14. Dossier sur le tremblement de terre survenu le 1er février 1797 à Quito et dans ses environs (1797-1816).
Tremblement de terre de Rio-Bamba. Liste des victimes. Détails sur la catastrophe.

128-2-7. Audience de Quito. Permis d'embarquement (1787-1823).

128-2-17. Lettres et dépêches de l'évêque de Quito (1712-1814).
Détails intéressants sur l'évêque Ochoa, natif d'Extremadure, prélat pieux et austère, qui ne pouvait s'accoutumer aux désordres de l'Église américaine.

128-2-23. Lettres et dépêches de l'évêque de Cuenca (1788-1818).
Procès de l'évêque contre un prêtre scandaleux.
Voyages de découvertes vers le rio Marañon.
Conflit entre l'évêque et le gouverneur de Cuenca.
État des monastères de femmes de Cuenca.

128-3-4. Lettres et dépêches de l'évêque de Popayan (1715-1718).
>Mérites des candidats aux fonctions ecclésiastiques.
Lettres de politesse et d'affaires.
Missions des Andaquis. Longs détails à ce sujet.

128-6-9. Duplicata des dépêches du président Ambrosio Higgins de Vallemar (1788-1795). [Les dates données par le titre de la liasse sont inexactes; la liasse ne contient que des documents postérieurs à 1810.]

130-1-17. Nominations, évaluations de la valeur des évêchés, informations, tableaux des dîmes de Santiago du Chili.
>Quelques chiffres sur les revenus des églises du Chili à la fin du xviiie siècle.

130-1-19. Lettres et dépêches de l'évêque du Chili (1758-1802).
>Propositions pour l'avancement des clercs.
Renseignements sur la conduite des capitaines généraux.

130-1-24. Lettres et dépêches de l'évêque de la Conception du Chili (1785-1786).

130-1-27. Dossier des missions (1787-1818).
>Papiers relatifs à la mission franciscaine de San Ildefonso de Chillan au Chili.

131-3-14 à 20. Dossier relatif à l'inspection des provinces de Cumana et de la Guyane par ordre de Luis de Chaves y Mendoza (1782-1798).
>Commission générale donnée par le roi.
Textes législatifs remis par l'inspecteur aux municipalités des villages indiens.
Résumé général de l'inspection.
Inspection de Villagomez en 1761.
Petit traité d'agriculture rédigé par Chavez.
Dossier des écoles.
Inspection de la province de Cumana.

131-3-22. Dossier de l'inspection de l'audience royale de Caracas par Joaquin de Mosquera y Figueroa (1804-1808).
>Rapports sur différentes affaires épineuses et sur différents conflits.

Grave affaire du fiscal de l'audience de Caracas. Rivero, contre le capitaine général et contre l'audience.

133-3-21. Constitutions et dossiers de l'université de Santiago de Leon (1784-1820).

Procès et troubles à l'université de Caracas (1778-1784).

Érection de l'université de Maracaybo.

Affaire des constitutions de l'université de Caracas (1784-1807).

133-4-9. Pièces relatives au rebelle Miranda et peines édictées contre lui et contre ses partisans dans la province de Coro (1806-1807).

Rapports sur l'expédition tentée par Miranda contre Coro, au mois d'août 1806.

Sentence contre les complices de Miranda, appréhendés à bord des goélettes *Abeja* et *Baco*.

Dons patriotiques des habitants de Caracas.

Communiqués du prince de la Paix aux Gazettes d'Espagne. [Première trace de l'influence de la presse.]

136-1-16. Lettres et dépêches des évêques de la province de Guyane (1724-1812).

Très intéressant mémoire de Fray Tomas de Olot, religieux catalan, sur la province de Guyane et sur le bourg de Panapana.

136-1-21. Relation de la visite générale de l'évêché de Caracas faite par l'évêque Mariano Martir (1771-1778). [Registre ms. in-folio de 691 pages.]

138-6-2. Dossier des troubles du Pérou (1770-1784).

Rapport de l'audience de Charcas sur l'insurrection dirigée par Tupac-Amaru.

Documents relatifs au Haut-Pérou et à la Nouvelle-Grenade et aux mêmes événements.

Sentence de l'audience de Cuzco contre Tupac-Amaru.

Mémoire sur les troubles de Socorro et de San-Gil (1781).

138-6-5. Dossier sur l'établissement du tribunal royal des Mines à Lima (1681-1786). [Projets divers aboutissant à l'envoi d'une ordonnance royale en date de 1785, qui recommande aux autorités péruviennes de s'inspirer des règles suivies en

Nouvelle-Espagne, autant que le permettront les circonstances et l'usage des lieux.]

145-7-12. Papiers divers et enquêtes sur l'enseignement primaire et les études en Amérique (1777-1814). .
Demandes de subvention pour les écoles primaires.
Titres de magisters.
Établissement d'universités.

146-3-8. Correspondance avec les chargés d'affaires d'Espagne aux États-Unis (1792-1835). [La plupart des documents conservés dans cette liasse sont postérieurs à 1813; on y trouve cependant quelques lettres intéressantes du consul général d'Espagne à Philadelphie.]

146-3-9 à 11. Papiers et documents relatifs aux États-Unis (1778-1825).

146-3-25 et 26. Pièces relatives à la fondation d'un collège de nobles américains à Grenade (1791-1799).
La plupart des pièces sont des dossiers de candidats aux bourses. Le collège ne fut jamais créé.

146-4-1. Lettres confidentielles du marquis de Squillace (Esquilache) et d'autres conseillers des Indes et de particuliers (1763-1771). [Cette liasse, qui compte plusieurs centaines de pièces, renferme les duplicata de lettres adressées à différents personnages par Antonio Bucaréli, capitaine général de Cuba de 1766 à 1771, et les réponses qu'il recevait de ses correspondants. Parmi ces derniers figure le P. Fray Joaquin de Osma, confesseur de Charles III.]

146-4-2. Lettres confidentielles de Grimaldi et d'Arriaga (1764-1777).
Lettres de Bucaréli à Grimaldi et à Arriaga.
Détails sur le gouvernement de Bucaréli au Mexique. Demandes de protection et d'avancement. Réponses de Grimaldi et d'Arriaga.

146-4-4. Lettres et papiers curieux de Jorge Juan, Antonio Ulloa et autres (1772-1778).
Correspondances de diverses provenances avec Bucaréli, vice-roi du Mexique. Brouillons des courriers du vice-roi par mois et par années.

146-4-5 et 6. Lettres et correspondances du prince de la Paix.
Lettres de courtisans et de clients du prince, sans aucun rapport avec les affaires d'Amérique.

155-2-4. Dossier général sur l'immunité des coupables qui se réfugient en un lieu sacré (1764-1787).
Consultations juridiques sur l'immunité *locale* et l'immunité personnelle.

155-2-5. Dossier des conciles provinciaux (1752-1779).

155-2-6. Dossiers concernant les délits scandaleux et les homicides perpétrés par des ecclésiastiques (1788-1802).

155-3-23. Dossier sur la visite et la réforme des religieux Augustins du Chili (1783-1789).

ARCHIVES DES MISSIONS CHEZ LES MOJOS ET LES CHIQUITOS.

Les Archives des Indes devraient posséder une collection complète de tous les ouvrages relatifs aux pays de l'Amérique espagnole, jusqu'à l'époque de leur émancipation; on ne trouve qu'un petit nombre d'ouvrages, de valeur très inégale, mis à la disposition du public dans la salle de travail. Nous devons à l'obligeance de M. Torres y Lanzas d'avoir pu étudier à loisir le très curieux volume consacré par M. René Moreno aux archives des missions chez les Mojos et les Chiquitos[1]. Ces archives, retrouvées par lui et données au Gouvernement bolivien, sont actuellement conservées à la bibliothèque de la ville de Sucre; le livre de M. Moreno en donne le catalogue et l'analyse, avec de très précieux détails sur l'histoire et les mœurs du pays. On a là toute l'histoire des missions jésuitiques du Haut-Pérou sous l'administration civile, après l'expulsion des Pères.

ARCHIVES DES MISSIONS CHEZ LES MOJOS.

Vol. I. Expulsion des Jésuites (1767-1768).
II. Gouvernement d'Aymerich (1767-1772).
III. Gouvernement d'Aymerich (1767-1772).

[1] G. R. MORENO, *BIBLIOTECA BOLIVIANA. Catalogo del Archivo de Mojos y Chiquitos.* Santiago de Chile, 1888, in-8°.

Vol. IV. Gouvernement de Velasco (1773-1777).
V. Gouvernement de Flores de Peralta (1778-1785).
VI. Gouvernement de Ribera (1786-1790).
VII. Gouvernement de Ribera (1787-1790).
VIII. Gouvernement de Ribera (1787).
IX. Gouvernement de Ribera (1790).
X. Gouvernement de Ribera (1788-1793).
XI. Gouvernement de Ribera (1786-1792).
XII. Gouvernement de Ribera (1791-1792).
XIII. Gouvernement de Ribera (1792-1795).
XIV. Gouvernement de Zamora (1795-1802).
XV. Gouvernement de Zamora (1793-1801).
XVI. Gouvernement de Zamora (1793-1802).
XVII. Gouvernement d'Alvarez (1802-1805).
XVIII. Gouvernement d'Urquijo (1805-1811).
XIX. Chemin et missions des Yuracaris (1765-1792).
XX. États, comptes et documents statistiques (1802-1820).
XXI. Documents relatifs aux curés des missions (1792-1811).
XXII. Missions de la Cordillère (1789-1803).

ARCHIVES DES MISSIONS CHEZ LES CHIQUITOS.

Vol. XXIII. Gouvernement de Villaronte (1767-1774).
XXIV. Inspections ecclésiastiques et règlements (1768-1769).
XXV. Gouvernement de Barthélemy Verdugo (1777-1784).
XXVI. Gouvernement de Barthélemy Verdugo (1780-1785).
XXVII. Gouvernement de Cañas, de Zudañez et de Lopez Carvajal (1786-1790).
XXVIII. Gouvernement de Lopez Carvajal (1786-1791).
XXIX. Gouvernement de Lopez Carvajal (1790-1793).
XXX. Gouvernement de Rodriguez (1790-1799).
XXXI. Gouvernement de Rodriguez (1792-1799).
XXXII. Gouvernement de Rodriguez (1793-1799).
XXXIII. Gouvernement de Riglos (1799-1808).
XXXIV. Gouvernement de Riglos, d'Alvarez et autres (1800-1820).

ARCHIVES ADMINISTRATIVES DES MISSIONS.

Vol. XXXV. Dispositions communes à toutes les missions (1768-1808).
XXXVI. Dépenses et produits des missions des Mojos (1795-1806).
XXXVII. Dépenses et recettes des missions des Mojos (1806-1808).
XXXVIII. Trésorerie (1790-1810).
XXXIX. Trésorerie (1790-1812).
XL. Correspondance des gouverneurs (1768-1810).
XLI. Index et inventaires (1767-1887).

BIBLIOTHÈQUE COLOMBINE.

Installée dans une dépendance de la cathédrale de Séville et riche de 34,000 imprimés et de 1,600 manuscrits, la Bibliothèque Colombine ne renferme que peu de documents relatifs au sujet qui nous occupait. Nous avons pu cependant glaner quelques renseignements dans les manuscrits suivants :

Ms. 63. − 6. Quelques affaires ecclésiastiques importantes au Mexique. — Soulèvements de noirs et d'indigènes au Pérou. — Description de la Californie par un missionnaire jésuite.

Ms. 63. − 7. Fondation et développement du couvent de religieux de la Conception de Mexico, appelé de Jésus et Marie, et détails sur sa règle.

Ms. 84. − 7. Écrits du colonel Robert Hodgson. — Renseignements sur Buenos-Ayres, Santiago del Estero, Cordova del Tucuman, Darien, Chocó, Guatemala, Merida de Yucatan, Pays des Mosquitos. — Expédition anglaise à Nicaragua (1768). — Projets destinés à fomenter la ruine de l'empire espagnol aux Indes (1764-1783).

Ms. 105. *Varios.* — Copie des renseignements fournis par l'expédition maritime aux côtes du Nord, tirée du journal original rédigé à bord de la frégate *Santiago* ou *Nueva Galicia* par les Pères franciscains Fray Juan Crespi et Fray Tomás de la Peña (1774).

Procès de Miguel de Tagle, habitant la ville de Buenos-Ayres, pour contravention aux ordres du roi sur l'expulsion des Pères de la Compagnie de Jésus, et non-déclaration d'objets leur appartenant (1767-1775).

Journal de la frégate du roi qui a découvert les terres des Russes en naviguant depuis la Californie vers le pôle arctique (1774).

Relation succincte de l'éruption du volcan Pacayita contigu au Grand Pacaya, et de l'éruption du Pacaya, à 7 ou 8 lieues des ruines de Guatemala. — Destruction de cette cité.

Ms. 119. *Varios.* — Fondation des églises d'Amérique.

Ms. 135. *Varios.* — Vice-rois de la Nouvelle-Espagne et du Pérou depuis la conquête.

II

ARCHIVES HISTORIQUES NATIONALES DE MADRID.

DOSSIERS RELATIFS AUX INDES ESPAGNOLES CONSERVÉS AUX ARCHIVES HISTORIQUES NATIONALES DE MADRID.

Dans la préface de son étude sur les Archives des Indes[1] M. Pio Zabala y Lera énumère toute une série de documents relatifs à l'Amérique espagnole et conservés aujourd'hui aux Archives historiques nationales de Madrid.

INVENTAIRE PROVISOIRE.

I. Dossiers provenant du Conseil des Indes. 63 liasses.

II. Chambre de commerce et consulat de Cadix. 54 liasses.

III. Documents relatifs aux îles Canaries. 3 liasses.

IV. *Vice-royauté de Nouvelle-Espagne.* — Dossiers judiciaires, commissions, redditions de comptes, inspections à Mexico. 44 liasses.

Inspections de Saint-Domingue. 8 liasses.
Inspections de La Havane. 319 liasses.

---

[1] *El Archivo de Indias y la Sociedad de Publicaciones historicas*, 1913.

Inspections de Puerto-Rico. 17 liasses.
Inspections de la Marguerite. 12 liasses.
Inspections de Guatemala. 18 liasses.
Inspections de Guadalajara. 17 liasses.

V. *Vice-royauté de Santa-Fé.* 23 liasses.
Gouvernement de Carthagène. 8 liasses,
Gouvernement de Sainte-Marthe. 2 liasses.
Gouvernement de Nouvelle-Andalousie (Caracas). 71 liasses.
Gouvernement de Panama. 12 liasses.

VI. *Vice-royauté de Lima.* — Dossiers judiciaires, commissions, redditions de comptes et inspections du Pérou. 152 liasses.
Inspections de la Plata. 17 liasses.
Inspections de Buenos-Ayres. 27 liasses.
Inspections du Chili. 15 liasses.
Inspections de Colón. 7 liasses.
Divers. 93 liasses
Commissions du mercure. 5 liasses.
Total, 1,032 liasses (1750-1808).

Cette section ne comprend que les documents in-folio. Les pièces de format in-quarto sont cataloguées à part, et contiennent un très grand nombre de pièces relatives au Saint-Office en Espagne et aux Indes.

DOCUMENTS RELATIFS AU SAINT-OFFICE.

En 1834, lors de la suppression du Saint-Office, tous les documents conservés dans les Archives des tribunaux de l'Inquisition furent saisis. Tous les papiers provenant des Archives de la Suprême sont conservés aux Archives générales de Simancas. Les archives des tribunaux provinciaux ont été en partie détruites; on n'a laissé subsister que les documents mis à part par les commissions des Finances : causes fiscales, comptes de trésorerie, comptes de dépôts, pièces relatives aux cens appartenant au Saint-Office, aux séquestres et aux confiscations. Ces documents ont été versés aux Archives centrales d'Alcala de Henares et classés par M. Francisco Fresca, qui entra à la fin de sa carrière dans la Compagnie de Jésus. En vertu d'un ordre royal du 10 février 1897, ils ont été transférés aux Archives historiques nationales de Madrid, où les travaux de Fresca ont servi de base au travail de MM. Miguel Gomez del Campillo et Vicente Vignau y Ballester[1].

Nous avions déjà travaillé sur ces documents, qui nous avaient fourni tous les matériaux de nos *Notes sur l'Inquisition espagnole au dix-huitième siècle* [2], et nous avions donné le classement provisoire des fonds de Tolède et de Valence dans notre étude sur les *Archives historiques nationales de Madrid; historique et inventaire provisoires*, publiée en 1901 par la revue *Le Bibliographe moderne*. Nous donnerons ici, d'après l'ouvrage de MM. Gomez et Vignau, l'indication de tous les fonds conservés aujourd'hui aux Archives historiques nationales sur le Saint-Office.

DOCUMENTS RELATIFS AU SAINT-OFFICE EN ESPAGNE.

1° Documents relatifs aux Conseils de la Suprême et au Tribunal de Madrid.

2° Documents relatifs aux tribunaux de Barcelone, des Canaries, de Cordoue, de Cuenca, de Grenade, de Logroño, de Llerena, de Majorque, de Murcie, de Santiago, de Séville, de Tolède, de Valence, de Valladolid, de Saragosse.

3° Documents concernant les Inquisitions d'Italie, tribunaux de Palerme et de Sardaigne.

4° Documents relatifs aux Inquisitions d'Amérique. Tribunaux de Mexico, Carthagène et Lima.

DOCUMENTS RELATIFS AU SAINT-OFFICE DES INDES.

La section d'Amérique renferme des documents d'ordre presque exclusivement administratif, et très peu de procès relatifs à la période 1760-1808. Voici le sommaire détaillé des fonds :

INQUISITIONS D'AMERIQUE.

I. *Tribunal de Carthagène des Indes.* — Causes criminelles. 12 causes (1646-1703).

---

[1] *Catálogo de las causas contra la fé, seguidas ante el Tribunal del Santo Oficio de la Inquisición de Toledo, y de las informaciones genealógicas de los pretendientes à oficios del mismo, con un apendice en que se detallan los fondos existentes en este Archivo de los demas tribunales de España, Italia y América.* Madrid, 1903, in-8°, VI-689 pages.

[2] *Revue Hispanique*, t. VI, 1899.

Caisse des dépôts effectués par les candidats aux fonctions du Saint-Office. Comptes des déposants (1653-1733).

Édit général de la foi, publié à La Havane, le 21 mars 1683.

Commissions de finances. Registres des sessions (1665-1783). — Travaux et réparations (1633-1697). — Personnel, salaires et gratifications (1625-1757).

Causes fiscales (1608-1784).

Trésorerie. — Comptes des receveurs (1611-1811).

Envois de fonds au Conseil (1634-1663).

Revenus. Évaluations et rapports sur les revenus du tribunal (1654-1754).

Registre de comptes du tribunal en 1653.

Séquestres (1637-1695).

Divers (xviiie-xixe siècles).

II. *Tribunal de Lima.* — Canonicats; leur revenu, leur suppression (1634-1814).

Cens (1610-1807).

Caisse des dépôts effectués par les prétendants aux emplois du Saint-Office (1722).

Caisse des dépôts effectués par les concurrents aux bénéfices (1717-1799).

Commissions de finances. Registres des séances (1749-1819).

Travaux et réparations (1589-1795).

Patronats, fondations dont jouissait le tribunal. — Comptes (1677-1812).

Personnel. — Salaires et gratifications. — Nominations. — Mises à la retraite (1641-1816).

Causes fiscales (xviie et xviiie siècles).

Trésorerie. Comptes généraux (1569-1808). — Papiers et compte des différents trésoriers (xviiie siècle).

Envois de fonds au Conseil (1643-1816).

Revenus. — Estimations, rapports sur tous les revenus dont jouissait le Tribunal et sur leur distribution (1701-1792).

Séquestres. — Dossiers et rapports (1625-1675).

Subside accordé au roi sur les revenus ecclésiastiques (1704-1792).

Inspections. Antécédents des affaires remises au tribunal par ordre du Conseil en 1624 et en 1743.

Divers (xviie et xviiie siècles).

Suppression du tribunal — Procès-verbaux d'occupation, d'inventaire et de garde des biens du Saint-Office (1812-1817).

III. *Tribunal de Mexico.* — Canonicats. Pièces relatives aux canonicats possédés par le Tribunal à Chiapa, Guadalajara, Manille, Mechoacan, Merida, Mexico, Oajaca et La Puebla (1633-1719).

Procès contre Francisco Botello, judaïsant, livré au bras séculier en 1659.

Informations généalogiques relatives à Fr. Manuel de la Cruz, à Antonio Millan et à Manuel Saenz Cabezon (1687-1740).

Commissions de finances : registres des sessions (1683-1709). Palais du tribunal. Comptes de tout ce qui a été dépensé pour sa construction (1604). — Comptes divers jusqu'en 1807.

Personnel. — Demandes de salaires et gratifications, mises à la retraite et nominations (1572-1814).

Procès civils : 5 dossiers (xvii° siècle).

Causes fiscales (1596-1796).

Trésorerie. Comptes généraux (1614-1802).

Envoi de fonds au Conseil.

Revenus. États et rapports (1609-1802). — Registre des immeubles et des revenus qui appartenaient au tribunal en 1654.

Séquestres, dossiers et comptes des dépositaires (1648-1697).

Divers (xvi°-xviii° siècles).

Nous avons trouvé dans ces documents des détails précis et abondants sur la situation matérielle du Saint-Office aux Indes. Sa fortune était en réalité considérable, mais la perception des revenus rencontrait de grandes difficultés; l'instabilité de la propriété aux Indes, l'impéritie et la nonchalance des administrateurs du Saint-Office réduisaient les tribunaux à la gêne. Avec un capital qui eût dû les faire riches, les inquisiteurs des Indes vivaient dans la médiocrité, et parfois dans la misère.

BIBLIOTHÈQUE NATIONALE DE MADRID.

SECTION DES ESTAMPES

Nous avons voulu savoir si la Bibliothèque nationale de Madrid possède de nombreuses estampes sur les anciennes possessions espagnoles aux Indes. Il y en a en réalité fort peu. Le conservateur nous a fort obligeamment montré toute sa collection ; elle ne comprend qu'un très petit nombre de pièces.

Le carton B. A. o3. 628 reproduit une série de gravures hollandaises du xviie siècle sur le Brésil :

1. *Obsidio et expugnatio Portus Calvi* (Nouvelle-Grenade).
2. *Tamaraca* (Brésil).
3. *Urbs Salvador* (Bahia). [La ville est située sur une haute colline, rattachée au port par deux monte-charges à glissière et à roue.]
4. *Alagoa ad austrum.*
5. *Castrum Mauritii ad ripam fluminis Sancti Francisci.*
6. *Boavista* (1643).
7. *Arx principis Guillelmi* (près d'Olinda).
8. *Siara.*
9. *Sinus omnium sanctorum.*
10. *Ostium fluminis Paraybae.*
11. *Olinda de Phernambuco.*

Parmi les pièces détachées qui nous ont été montrées, nous citerons :

Plan de l'insigne ville et royale Collégiale du sanctuaire de Sainte-Marie de Guadeloupe, à une lieue de Mexico. Gravure de Franscisco Sylverio (1757).

Christmas Sound (Terre de Feu), dessiné d'après nature par W. Hodges, gravé par W. Watts, publié le 1er février 1776 par W. Straham, New Street Shoe Lane, et Tho's Cadett sur le Strand à Londres.

Façade principale de la maison de campagne de Pedro Carrillo de Albornoz, chevalier de l'ordre de Montesa, colonel des armées de S. M., située au nord de la cité de Lima. Dessinée par Fernando Brambila, gravée par Manuel Salvador y Carmona (1795).

Même maison vue du côté du jardin.

Vue du défilé de La Guardia, sur le versant occidental de la Cordillère des Andes. Dessinée et gravée à l'aquatinte par Brambila.

Vue du pont de l'Inca dans la Cordillère des Andes. Gravée par Brambila.

Vue des Pampas de Buenos-Ayres quand le sol a été incendié. Gravé par Brambila.

Vue de l'intérieur de la Cale des Amis à l'entrée de Nootka. (Aquatinte.)

Vue de la place de Mexico, nouvellement ornée de la statue équestre de notre auguste monarque régnant Charles IV, qui y fut érigée le 9 décembre 1796, jour anniversaire de la reine Marie-Louise de Bourbon, sa bien-aimée épouse, par Michel La Grua, marquis de Branciforte, vice-roi de Nouvelle-Espagne, qui sollicita et obtint de la Royale Clémence la permission d'ériger ce monument, pour la satisfaction de sa propre gratitude et la consolation de tout ce royaume, et qui fit graver cette estampe comme nouveau témoignage de sa fidélité et de son respect. Gravure de Joaquin Fabregat (1797).

Recouvrement de Buenos-Ayres, 5 juillet 1807, eau-forte représentant l'attaque de Buenos-Ayres par les troupes espagnoles.

Nouvelle attaque de Buenos-Ayres reprise par les vaillants et loyaux Espagnols contre les Anglais le 5 juillet 1807.

Débarquement de S. A. R. l'archiduchesse Carolina Leopoldina, princesse royale du Royaume-uni de Portugal, Brésil et Algarves à Rio-de-Janeiro, le 5 novembre 1817, peint par M. Debret, pensionnaire de S. M. Fidélissime et membre de l'Académie des Beaux-Arts de Rio-de-Janeiro, gravé par C. S. Pradier, pensionnaire de S. M.

Place Saint-Victorin à Bogota. (Petite gravure sur acier tirée d'une publication française.)

Vue générale de La Havane, peinte d'après nature et gravée par Hippolyte Garnerey, à Paris, chez l'auteur, Rue neuve des Mathurins, n° 24, et chez Aumont, marchand d'estampes, rue J.-J. Rousseau.

Vue générale de La Havane, dessinée par A. de Caula, Librairie Matein, Madrid.

La promenade militaire du Prince à La Havane. Gravure de La Plante, publiée par L. Marquier et Laplante. Obra pia. La Havane.

Vue de la cité de Matanzas, à Cuba, prise de la montagne des Caféiers de D. Vicente Guerrero, derrière la maison de Luis López Villavicencio, et dédiée aux belles Matancéranes par Léonard Barañano (1856). [Pièce détachée d'une collection intitulée L'île de Cuba pittoresque. Collection de vues générales.]

III
ARCHIVES GÉNÉRALES DE SIMANCAS.

Nous avons rencontré à Madrid des documents nécessaires pour dresser le budget de l'Inquisition aux Indes à la fin du xviiie siècle; il nous manquait les procès jugés par ce Tribunal pour savoir à quel degré d'activité il s'était trouvé réduit. Ce fut aux Archives générales de Simancas que nous dûmes aller chercher ces pièces capitales.

RENSEIGNEMENTS GÉNÉRAUX.

Installées par Philippe II au château de Simancas, à 10 kilomètres au sud de Valladolid, les Archives générales d'Espagne ont été étudiées avec grand soin par MM. Baudrillart et Boissonnade [1], et tous les érudits connaissent la richesse de ce magnifique et peu abordable dépôt.

Nous l'avions visité en 1890 et n'avions pu qu'admirer le courage de nos devanciers; aujourd'hui les conditions matérielles du séjour à Simancas se sont beaucoup améliorées. Le *parador* des Archives possède une chambre convenable pour les étrangers en voyage d'études, et leur offre pension; ce qui vaut mieux encore, on trouve au parador un accueil charmant, et pour peu que l'on soit accommodant et de bonne compagnie, on n'emporte que d'agréables souvenirs du pauvre bourg de Vieille-Castille, où se parle un dialecte si pur, et où se sont conservées la simplicité et la bonhomie des vieilles mœurs.

Les Archives de Simancas, placées aujourd'hui sous le gouvernement de M. Juan Montero, renferment 79,278 liasses et 1,898 volumes et registres.

Les documents relatifs à l'Inquisition des Indes sont rangés sous les rubriques suivantes :

Archives de Simancas. Inventaire de l'Inquisition. Inquisition de Carthagène des Indes (fol. 59). — Procès civils.

Procès criminels. Liasses 39, 40, 41, 42.
Causes relatives à la foi. Liasses 43 (1616-1652), 44 (1652-1666), 45 (1696-1715), 45 *bis* (1716-1746).
Affaires relatives aux conflits de juridiction.

---

(1) Cf. *Archives des Missions* (1889) et *Nouvelles Archives* (1891).

Dossiers des Inspections. Liasses 23, 24, 25, 26.
Affaires diverses. Liasses 27, 28, 29.
Lettres et dossiers. Liasse 36.
Inquisition de Lima. — Procès civils.
Procès criminels. Liasses 65 (22 procès), 66 (21 procès), 67 (grand registre in-folio contenant le procès intenté à Herran Giron de Montenegro), 67 *bis* (15 procès).
Causes de foi. Liasses 68 (21 procès), 69 (28 procès), 70 (61 procès), 71 (grand procès intenté à Fray Francisco de la Cruz, de l'ordre de Saint-Dominique), 77 (relations sur les causes de foi jugées par le Tribunal de Lima).
Conflits.
Inspections. Liasses 62, 73, 74.
Lettres et dossiers (1582-1818).
Inquisition de Mexico. — Procès civils.
Procès criminels. Liasse 149 (18 numéros).
Causes de foi. Liasses 150 (19 procès), 151 (51 procès), 152 (58 procès), 153 (45 procès), 154 (26 procès).
Conflits.
Inspections. Liasses 157, 158, 159.
Divers. Liasses 162, 162 *bis* (1815-1818).

IV

ARCHIVES DU MINISTÈRE D'OUTRE-MER À LISBONNE.

Tandis qu'en Espagne toutes les affaires coloniales ressortissaient au Conseil des Indes siégeant à Madrid, en Portugal toutes les affaires du Brésil, de l'Afrique portugaise et de l'Inde venaient au Conseil d'Outre-mer, créé le 14 juillet 1642 par le roi Jean IV et supprimé seulement le 30 août 1833.

RENSEIGNEMENTS GÉNÉRAUX[1].

Les archives de ce Conseil furent emmagasinées jusqu'en 1889 dans les dépendances du Ministère de la Marine. À ce moment, il

---

[1] Pour tout ce qui concerne l'historique de ce dépôt, nous nous référons à l'ouvrage suivant : *Bibliotheca nacional de Lisboa. Archivo de Marinha e Ultramar. Inventario por Eduardo de Castro e Almeida, comendador da ordem da Coroa*

devint nécessaire d'agrandir les bureaux, et les Archives royales de la Torre do Tombo n'ayant pas de locaux disponibles, les documents furent portés à la Bibliothèque nationale.

L'Inspection générale des Bibliothèques et Archives publiques chargea alors le conservateur des Archives royales, M. Raphaël Basto, d'inventorier sommairement les registres et les liasses de documents isolés. Les collections étaient dans une inexprimable confusion. Les pièces provenant du Conseil d'Outre-mer étaient mélangées à beaucoup d'autres relatives aux colonies et à la marine, et adressées à diverses corporations et administrations dépendant du Ministère de la Marine. Au bout de quelques mois de travail, M. Basto était en mesure de remettre au ministre un rapport général, qui révéla au Gouvernement l'importance de cette collection considérable; elle ne comprenait pas moins de 1,099 volumes et 1,857 liasses, auxquels vinrent s'ajouter plus tard 280 volumes et 160 liasses relatives à l'Afrique portugaise orientale, que rapporta de Mozambique, en 1892, le conseiller Antoine Eunes, inspecteur-général des Bibliothèques et Archives publiques.

En 1897, sur la réquisition du Conseil de l'Amirauté, furent encore annexés aux Archives d'Outre-mer 2,176 volumes et 900 liasses, provenant de la Direction générale de la Marine, du Commandement général de la flotte et des archives de divers navires de guerre.

Le transfert de cette masse énorme de documents à la Bibliothèque nationale eut lieu sous la direction de l'inspecteur des archives, M. Robert Augusto da Costa Campos, qui chargea l'employé des Archives de la Torre do Tombo de faire le rapport général sur l'opération.

Pendant plusieurs années, ces documents restèrent à titre de dépôt à la Bibliothèque nationale. En 1901, M. Gabriel Victor do Monte Pereira, directeur de la Bibliothèque, publia dans le *Bulletin de la Société de Géographie de Lisbonne* un article intitulé : *Les Archives d'Outre-mer*. En 1902, le même érudit donna à la revue illustrée *Brazil-Portugal* un second article sur le même sujet. Déjà avait été décidée la création, à la Bibliothèque, d'une section

d'Italia, 1° Conservador da Bibliotheca nacional, director da Seccao IX. — *Madeira e Porto Santo; 1613-1819.* Coïmbra, Imprensa da Universidade, 1907, Publicaçao official.

spéciale de *Marine et Outre-mer*, et M. Édouard de Castro et Almeida avait été mis à sa tête en janvier 1902.

Les travaux d'installation durèrent environ deux ans. En 1904, le directeur put commencer le travail d'organisation.

La Bibliothèque nationale de Lisbonne occupe presque tout l'ancien couvent des Franciscains, que le tremblement de terre de 1755 a laissé à peu près intact; seule une partie du rez-de-chaussée sert de dépendance à la préfecture de police, ce qui n'est point sans présenter des inconvénients graves. Le bâtiment, extraordinairement massif, se développe autour de deux grandes cours intérieures et est couronné d'une terrasse, d'où la vue s'étend sur toute la ville de Lisbonne et sur le Tage, la mer de paille et les villes de Cacilhas, de Barreiro et de Seixal. L'entrée principale s'ouvre sur la petite place de la Bibliothèque. L'étage inférieur est occupé par un musée en voie d'arrangement; le premier est réservé aux imprimés, le second aux manuscrits. Deux grands escaliers de pierre à volées droites, ornés de belles faïences du xviiie siècle, conduisent aux étages. Le travail de catalogation des imprimés est en voie d'exécution et ne sera pas fini de sitôt. Après s'être montré trop facile pour le prêt des livres, le Gouvernement l'a interdit, ce qui est un autre excès, assurément très dommageable à ceux qui viennent travailler à la Bibliothèque. Il serait fort à désirer que cette mesure fût rapportée. Les Archives de Marine et d'Outre-mer occupent au second étage trois longues galeries et les salles qui en dépendent. Les documents sont disposés sur des étagères en fer munies de planches de chêne. Chaque liasse sera conservée dans une caisse de fer-blanc peinte en vert et présentant l'aspect d'un carton. Chaque caisse portera une indication de provenance : *Madère*, *Açores*, *Brésil* et les dates des documents qui y sont contenus. Chaque document sera renfermé dans une chemise qui portera le résumé de la pièce et sa date.

Nous avons trouvé à la Bibliothèque nationale de Lisbonne l'accueil le plus courtois et le plus aimable. Le directeur, M. Faustino da Fonseca, nous a donné tous les renseignements pratiques dont nous avions besoin et nous a fait conduire aux Archives d'Outre-mer, dont le conservateur, M. Édouard de Castro et Almeida, nous a expliqué l'organisation et confié le catalogue général. Parfaitement installé dans une petite salle où quatre personnes peuvent travailler à l'aise, nous avons dressé à loisir la liste des documents qui pouvaient nous intéresser, et les liasses que nous désirions étudier ont été toutes mises à notre disposition avec une extrême obligeance. Tous les jours, pendant trois semaines, de onze heures du matin à quatre heures du soir, nous avons pu travailler en pleine liberté et dans une paix profonde, sur les documents où se trouve racontée au jour le jour la vie du Brésil, à la fin du régime colonial.

FONDS CONSERVÉS AUX ARCHIVES D'OUTRE-MER.

Les documents conservés aux Archives d'Outre-mer sont divisés en deux grandes sections :

1° Documents relatifs à l'administration civile, ecclésiastique et militaire des anciennes possessions portugaises, à leur histoire économique, commerciale, industrielle et agricole, depuis le milieu du XVI° siècle, jusqu'en 1833;

2° Documents relatifs à l'administration des Services de la marine de guerre, du secrétariat d'État de la marine et des divers corps de la marine.

SECTION I.

Copies de règlements, statuts, lois et ordonnances royales relatifs au gouvernement de l'Inde (1544-1759). 13 vol.

Registres d'offices, lettres, décisions et règlements (1548-1832). 56 vol.

Registres des grâces (1643-1854). 13 vol.

Registres de décisions (1643-1830). 86 vol.

Registres de consultations (1617-1833). 66 vol.

Registres de documents officiels relatifs au gouvernement des différentes colonies (1673-1834). 69 vol.

Registres d'ordres royaux (1752-1839). 27 vol.

Registres de consultations concernant les diverses capitaineries du Brésil (1665-1807). 38 vol.

Registres de consultations des Indes (1639-1833). 7 vol.

Registres d'avis et ordres à différentes autorités (1752-1807). 33 vol.

Registres de lettres du royaume pour diverses personnes (1758-1832). 8 vol.

Registres de lettres pour l'Inde (1675-1833). 116 vol.

Registres de consultations d'outre-mer (1720-1803). 53 vol.

Registres de consultes du Tribunal du Palais (*desembargo do Paço*) [1755-1833]. 3 vol.

Registres de consultes du Conseil de Conscience et des Ordres (*a mesa da consciencia e ordems*) [1755-1833]. 5 vol.
Registres de décrets (1702-1828). 26 vol.
Écrits divers (1752-1807). 54 vol.
Registres de lotissement (1795-1823). 5 vol.
Recettes et dépenses des places fortes de l'Inde (1586-1592). 1 vol.
Registres des instructions données aux gouverneurs d'outre-mer (1629-1643). 1 vol.

Les documents isolés ont été répartis en liasses, suivant leurs provenances; ainsi ont été formées dix sous-sections :

1° Madère et Porto-Santo (1752-1833); 2° Açores (1750-1833); 3° Cap Vert et Guinée (1755-1833); 4° S. Thomé et île du Prince (1723-1822); 5° Angola (1609-1833); 6° Mozambique (1737-1833); 7° Inde (1722-1833); 8° Macao et Timor (1793-1811); 9° Barbarie (1776-1819); 10° Brésil (1750-1822).

L'inventaire de la sous-section *Madère et Porto Santo* a été publié en 1907, en 2 volumes in-folio. L'inventaire du Brésil est terminé et achève de s'imprimer à Rio-de-Janeiro. Les documents y seront rangés par capitaineries : Bahia (1751-1822), Ceara (1781-1807), Goyaz (1750-1807), Maranhao (1750-1807), Matto Grosso (1751-1807), Minas Geraes (1751-1807), Para (1753-1822), Parahyba (1753-1807), Pernambuco (1757-1807), Piauhy (1759-1807), S. Pedro do Rio Grande do Sul (1752-1773), Rio de Janeiro (1751-1820), Rio Negro (1781-1795), S. Paulo (1752-1805).

En dehors des collections classées par provenances, se formeront d'autres collections :

Requêtes, pétitions, demandes, réclamations de toutes sortes (*requerimentos*) [1602-1833]. 800 liasses.
Consultations (1606-1833). 500 liasses.
Notes (1600-1833). 250 liasses.
Papiers de service (1612-1833). 100 liasses.
Divers.

Les cartes et plans, rencontrés en grand nombre parmi les documents, en ont été séparés et formeront une collection à part. On a rassemblé également les dessins donnant l'uniforme des régiments coloniaux.

Nous avons spécialement étudié aux Archives d'Ultramar les cartons suivants :

Brésil, Bahia. — Cartons de 1760, 1765, 1770, 1775, 1780, 1785 (contenant les pièces cotées de 4798 à 11999).

Brésil, Rio-de-Janeiro. — Lettres du vice-roi. Cartons de 1762, 1763, 1764. — Divers (1792-1793). — Lettres du vice-roi (1799). — Dépêches du vice-roi (1800-1801, 1802-1803, 1803, 1806-1807). — Lettres de l'évêque de Rio-de-Janeiro (1788-1802). — Lettres diverses (1800-1803).

Brésil, Pernambuco. — Lettres du gouverneur (1780-1781, 1790).

Les pièces, rangées dans chaque carton par ordre chronologique, ont trait aux matières les plus diverses et contiennent des renseignements relatifs à toutes les branches de l'administration publique : état général des villes, progrès de la colonisation, expéditions maritimes et militaires, missions, développement de l'instruction, impôts, force armée, justice, état social, relations avec les puissances étrangères, etc. D'une manière générale, les fonctionnaires portugais semblent avoir été plus conscients de leur devoir que leurs collègues espagnols, le Brésil semble mieux administré que le Pérou ou la Nouvelle-Grenade. La capitale, établie d'abord à Bahia, est transférée à Rio-de-Janeiro en 1763 ; les vestiges du système féodal, qui avait longtemps régné au Brésil, s'effacent peu à peu devant les progrès de l'administration royale; les mines d'or de Minas Geraes s'épuisent, le monopole des diamants permet au Régent de Portugal de gager des emprunts; une sorte de dualisme s'accuse au Brésil, comme il s'accusera un demi-siècle plus tard aux États-Unis, entre le nord et le sud. Au Brésil, le nord est le pays routinier et retardataire, le pays des grands domaines et de la culture par les esclaves; le sud est le pays des aventuriers hardis, des mineurs, des colons qui exploitent eux-mêmes leurs domaines. L'*Histoire du Brésil*, de M. José da Rocha Pombo[1], et le résumé très brillant de l'histoire brésilienne par Oliveira Martins[2], nous ont permis de mieux comprendre les documents manuscrits en nous renseignant sur les institutions et l'état social du pays.

[1] Rio-de-Janeiro, 7 vol. in-4° parus.
[2] *O Brazil e as colonias portuguezas*, Lisboa, 1880, in 12.

ARCHIVES DE LA TORRE DO TOMBO, A LISBONNE.

RENSEIGNEMENTS GÉNÉRAUX.

Les Archives nationales du Portugal renferment, elles aussi, beaucoup de documents relatifs à l'histoire coloniale; nous avons pu y jeter au moins un coup d'œil et nous avons regretté de ne pouvoir y prolonger notre visite.

Ce dépôt est fort ancien, puisque l'on trouve mentionné dès 1387 un gardien en chef (*guarda-mor*) des archives du royaume[1]. Elles furent, à l'origine, conservées dans une des dix tours carrées de l'enceinte du château royal, ou château de Saint-Georges, ou château des Murs, qui domine toute la ville basse de Lisbonne. La tour des Archives (*Torre do Tombo*) existe encore; c'est la tour la plus rapprochée de la porte d'entrée du château; elle mesure 9 mètres de hauteur, quoiqu'elle ait perdu son étage supérieur et sa couronne de créneaux; elle est de dimensions moyennes et, dès le XVIe siècle, elle se trouva beaucoup trop exiguë pour contenir les Archives de la Couronne. En 1569, on était obligé de reléguer dans une des chambres du palais royal (*o paço da Alcaçoba*) soixante caisses remplies de dossiers. En 1650 commencèrent les premiers travaux de classification; les Archives ne présentaient qu'un fouillis inextricable. Au XVIIe siècle, les conservateurs se plaignaient du mauvais aménagement de l'édifice qui, semble-t-il, menaçait ruine.

Le 1er novembre 1755 le tremblement de terre qui dévasta Lisbonne détruisit toute la partie supérieure de la tour. Pendant deux ans, les documents ramassés dans les décombres furent empilés dans des baraques en planches et dans deux maisons situées sur l'emplacement de l'ancien château; on avait élevé auprès des baraquements une cabane servant de corps de garde aux sentinelles chargées de veiller sur les archives.

Le 4 août 1757, l'archiviste en chef alla examiner au couvent de

---
[1] Cf. Pedro A. d'Azevedo e Antonio Baião, conservadores da Torre do Tombo, *O Archivo da Torre do Tombo, sua historia, corpos que o compõem e organisação*. Lisboa, 1905, 222 pages in-8°.

Saint-Benoît les appartements réservés aux évêques de l'ordre qui séjournaient à Lisbonne, et les afferma moyennant un loyer annuel de 450,000 reis, pour y installer les Archives. Les premiers frais furent couverts par la vente des débris de la Torre do Tombo et des baraquements élevés dans son voisinage.

En 1862, on transféra les Archives dans une autre partie de l'édifice, donnant sur la rue Saint-Benoît.

En 1887, l'archiviste obtint la permission d'occuper les locaux précédemment attribués à la Direction générale des travaux géodésiques, et plus récemment encore, les locaux laissés libres par les Archives de la dette publique.

En dépit de ces agrandissements, l'installation des Archives reste très défectueuse. Le couvent de Saint-Benoît, bâti à la fin du XVIe siècle et jamais achevé, a été construit pour servir à de tout autres usages que l'usage actuel. La partie la plus importante des bâtiments est occupée par la Chambre des Députés et le Sénat. La salle des séances du Sénat a déjà brûlé une fois et l'accident peut se reproduire. L'aile mise à la disposition des Archives est la plus mal située du palais : dominée par de hautes terrasses, bâtie sur un terrain en pente, elle n'offre que de médiocres conditions d'aérage et paraît sombre et humide. L'escalier d'accès est un escalier provisoire, en charpente, fort incommode; certain palier est si bas que l'on n'y peut passer sans baisser la tête. Les corridors ne sont éclairés que d'un côté, par des portes vitrées. La salle de travail, trop petite, encombrée de tables et d'armoires, n'offre qu'un jour très défectueux et une installation des plus médiocres; on a d'autant plus lieu de le regretter que le nombre des travailleurs est plus considérable et qu'ils se gênent les uns les autres, en dépit de leur bonne volonté. Le directeur, M. le docteur Baião, est d'ailleurs l'amabilité en personne et fait l'impossible pour faciliter à chacun l'accomplissement de sa tâche.

Nous donnerons tout d'abord, d'après le livre de MM. d'Azevedo et Baião, une idée d'ensemble des collections conservées à la Torre do Tombo, et l'on verra combien il est nécessaire d'avoir un guide expérimenté pour s'aventurer dans ce *Matto grosso*.

1.º *Collection des layettes (gavetas).* — C'est la plus ancienne; elle provient de l'ancienne Maison de la Couronne (*a casa da coroa*) et remplit 20 tiroirs. Elle compte 195 liasses, avec 5,274 pièces.

L'inventaire en a été dressé au commencement du xix⁰ siècle en 53 volumes.

2. *Collection chronologique.* — Elle comprend 525 liasses avec 82,902 pièces et se compose, en majeure partie, des documents que Pedro de Alcaçova Carneiro, comte da Idanha, remit à Damiao de Goes en 1569. Les dates extrêmes des pièces de la collection vont de 1161 à 1699.

3. *Collection conservée dans la salle de la librairie.* — 237 tomes et liasses, provenant de l'ancienne Torre do Tombo, et datant en majeure partie du xvi⁰ siècle.

4. *Bullarium.* — Collection générale des bulles adressées par le Saint-Siège aux autorités portugaises. La collection s'arrête en 1881.

5. *Collection spéciale* formée avec les cartulaires des monastères sécularisés au xix⁰ siècle. — Cette très importante section a été malheureusement divisée en trois classes, où les documents ont perdu toute individualité. Beaucoup d'entre eux ne peuvent plus aujourd'hui être rattachés à leur lieu d'origine, perdus dans la masse des documents de même espèce provenant de tous les couvents de Portugal.

La série des brefs comprend 2,204 documents; la série des diplômes, 10,478 documents; la série des *miscellanea*, 165 caisses de papiers divers.

[En 1853, l'historien Alexandre Herculano a parcouru le Portugal, visité les couvents qui existaient encore et engagé les ecclésiastiques à remettre leurs archives au grand dépôt de Lisbonne. Il n'a pas été partout entendu, mais il a pu faire entrer à la Torre do Tombo 2,075 liasses, 755 documents isolés, 89 caisses de papiers et 2,825 volumes, qui sont venus accroître le fonds précédent.]

6. *Fonds de la Chancellerie.* — Il comprend les donations, les privilèges, les grâces et rémissions émanées de l'initiative royale, depuis Alphonse II (1211-1223) jusqu'à Pierre IV (1826), et comprend plus de 1,100 registres.

7. *Cadastre (Inquirições).* — Liste de toutes les localités qui avaient à payer des impôts ou à prester des services au roi. — 24 volumes et une liasse. — Les listes de 1220 et de 1258 ont

été imprimées dans les *Portugaliae Monumenta historica* de l'Académie royale des sciences.

Tous ces fonds constituent la masse primitive de documents conservée avant 1755 à la Torre do Tombo. Des envois successifs ont enrichi cette collection.

8. *Chancelleries des Ordres militaires.* — En 1694, le roi ordonna de porter à la Torre do Tombo les registres terminés des chancelleries des Ordres ; rien n'avait encore été exécuté en 1792 ; aujourd'hui, toutes les archives des Ordres sont à La Torre : ordre du Christ (382 registres), ordre d'Aviz (73 registres), ordre de Saint-Jacques (60 registres), ordre de la Conception (1 registre), ordre de la Tour et de l'Épée (1 registre).

9. *Registres des Fondations.* — 60 registres ; l'Académie des sciences en a imprimé quatre.

10. *Chapellenies dépendant de la Couronne.* — 10 registres.

11. *Chroniques inédites.* — 24 volumes manuscrits.

12. *Registres des Archives royales.* — Registres de décrets rendus en faveur de la Couronne.

13. *Chancellerie de la Maison de la Reine.* — 68 volumes.

14. *Chancellerie du Prieuré de Crato.*

15. *Chancellerie de la Maison de l'Infantado.*

16. *Documents versés en 1888 par la Chambre des Comptes.* — 1,790 liasses et volumes et plus de 2,000 documents isolés.

17. *Registres des grâces royales (Registo das mercês).* — L'incendie du 2 octobre 1681 a détruit toute la partie de ce fonds qui existait alors. Les documents postérieurs à 1681 ont été utilisés pour la publication du *Diccionario aristocratico* du vicomte de Sanches de Baena.

18. *Archives du Saint-Office.* — Institué en Portugal par la bulle du 23 mai 1536, et confié pour le Portugal et ses colonies aux trois tribunaux de Coïmbre, Lisbonne et Goa, le Saint-Office n'a été supprimé qu'au commencement du xixe siècle. En 1624, ses archives furent portées à la Bibliothèque nationale ; elles ont été depuis transférées à la Torre do Tombo, où elles forment une collection colossale de registres et de dossiers. A partir de 1640,

les promoteurs du Saint-Office durent tenir trois registres où ils inscrivaient toutes les dénonciations correspondant aux trois grandes affaires dont s'occupait l'Inquisition : hérésie, sollicitations honteuses faites par des prêtres en confession, sodomie ; 36,000 procès ont laissé des traces dans les archives du Saint-Office. Une autre collection fort curieuse est celle des demandes d'affiliation au Saint-Office. Toutes sont classées, malheureusement, non par époques, mais par ordre alphabétique, et permettent de mesurer l'immense popularité de l'institution.

Il faut mentionner ici les archives du tribunal de la censure (*mesa censoria*), institué en 1768 pour la censure des livres. Sous des noms divers, il a subsisté jusqu'en 1831, et exercé son contrôle sur plus de 2,000 ouvrages.]

19. *Archives de la Cour du Palais (Desembargo do Paço).*

20. *Archives de la Junte de commerce.* — 377 liasses, 370 volumes.

21. *Archives du Ministère de la Guerre.*

22. *Archives de l'Intendance générale de la police.*

23. *Archives des provisorats de Santarem, de Setuval et de Thomar.* [Celles de Torres Vedras ont été détruites par un incendie au moment de leur transfert à Lisbonne.]

24. *Archives du Conseil des Finances.*

25. *Archives de la Commission des tabacs.* — Versées en 1857.

26. *Archives de la Commission d'infidélité (Junta da inconfidencia).* — Versées en 1864.

27. *Archives du Ministère d'État (Ministerio do Reino).* Versées en 1881. Documents de toutes provenances.

28. *Archives des établissements religieux du district de Vianna del Castello.* — Versées en 1890 ; 742 volumes et 5 liasses.

29. Documents versés en 1894 à la Torre do Tombo par l'administration des Biens nationaux : 2,081 volumes de provenances très diverses. Couvents supprimés, conseil des finances, etc.

30. *Archives de l'ordre de Malte.* — Versées en 1898.

31. *Archives du Conseil de la Guerre* (1646-1832). — Versées en 1899.

— 63 —

La catalogation de cette masse énorme de documents n'est point faite. Le *Bulletin des Bibliothèques et Archives* a publié dans son tome III l'inventaire dressé en 1776 par João Pereira Ramos de Azevedo Coutinho. Pour l'usage courant, on se sert d'inventaires manuscrits spéciaux, où se trouvent résumées les indications indispensables. M. Baião nous communiqua l'inventaire des archives provenant du Ministère d'État⁽¹⁾.

Voici l'indication des liasses consultées par nous pendant le temps trop court que nous avons pu passer à la Torre do Tombo :

1. *Conseil des Finances, État de la Reine.* — Consultations (1754-1824). Liasses nᵒˢ 309 et 310.

Les reines de Portugal avaient une dotation territoriale et jouissaient de certains droits aux Indes.

2. *Conseil d'Outre-mer.* — Consultations (1730-1825). Liasses 312 à 324. Ces registres, très monotones et assez peu intéressants, contiennent surtout des demandes de récompenses et d'avancement formulées par des militaires, des magistrats et des fondeurs d'or. Un fondeur d'or demande parfois l'uniforme de l'ordre du Christ. — Divers particuliers s'offrent à aller servir le roi aux Indes. Le surintendant de la Monnaie de Bahia proteste contre la nomination d'un receveur, etc.

3. Consultations sur différentes affaires pendantes au Conseil général du Saint-Office, à l'Amirauté, au Conseil de marine, à la Commission administrative des fabriques du royaume. Liasses 360 à 362. Documents relatifs aux juntes du dépôt public de Lisbonne, Porto et Santarem, commission de prévoyance littéraire, commission de subside littéraire, mont-de-piété littéraire, commissions de finances des arsenaux, de marine, d'éclairage de Porto, etc. commission d'administration et de recouvrement du nouvel impôt sur les biens des ex-jésuites.

4. Comptes et rapports relatifs à la guerre entre le Portugal et la Castille en 1762. — Liasse 404.

⁽¹⁾ *Ministerio do Reino. Relações dos livros e documentos do archivo d'este ministerio recolhidos ao archivo da Torre do Tombo em 20 de maio de 1881.*

5. *Conseil de Conscience et des Ordres.* — Consultations (1731-1833). Liasses 406-418.

6. *Outre-mer et îles. Correspondances, représentations et autres papiers divers.* — Liasses 497-500. — Les documents relatifs au Brésil se trouvent dans la liasse 500, qui contient des renseignements sur Maranhão, Alagoas, Ceara, Cuyaba, Goyaz, Bahia, Villa Bella do Matto Grosso, Minas Geraes, Para, Parayba, Pernambuco, Piauhy, Rio-Grande, Rio-de-Janeiro.

7. *Outre-mer. Papiers divers.* — Liasses 597-606. — La liasse 600 contient un certain nombre de pièces relatives à Goyaz et à S. Paulo.

8. *Registres de correspondance du Brésil.* — Liv. 1 (1760 1762). Copies de correspondances échangées entre le gouverneur de la colonie du Sacramento et les gouverneurs et chefs militaires espagnols de la frontière.

9. *Conseil d'Outre-mer.* — *Registre de correspondance :* (1779-1833). Vol. 1, n° 99. — Demandes de pension, de dispenses des formalités légales, de payement d'arriéré des soldes et pensions. — Nominations à des emplois divers.

10. *Lois des ports du Brésil.* — Registre (1605-1761). Vol. I, n° 360.

Les pièces que nous avons étudiées à la Torre do Tombo ne font point, comme aux Archives d'Outre-mer, partie de séries suivies de documents de même ordre; leur intérêt ne laisse pas d'être très grand; c'est peut-être là que nous avons rencontré les documents les plus caractéristiques et les plus significatifs sur la vie municipale, la perception des impôts, les entraves apportées à toute relation des colons avec les étrangers, les efforts de certaines villes pour développer l'enseignement, les revendications des Paulistes ou colons de S. Paulo, les projets de « domestication » des Indiens, la mise en état de défense du Brésil contre une attaque extérieure, etc. Tous les documents constatent l'immense influence exercée par Pombal, l'impulsion donnée par lui à tous les services publics, l'exacte discipline en laquelle il sut maintenir ses subordonnés. Après lui, tout retomba peu à peu dans l'apathie et la routine ordinaires.

G. DESDEVISES DU DEZERT.

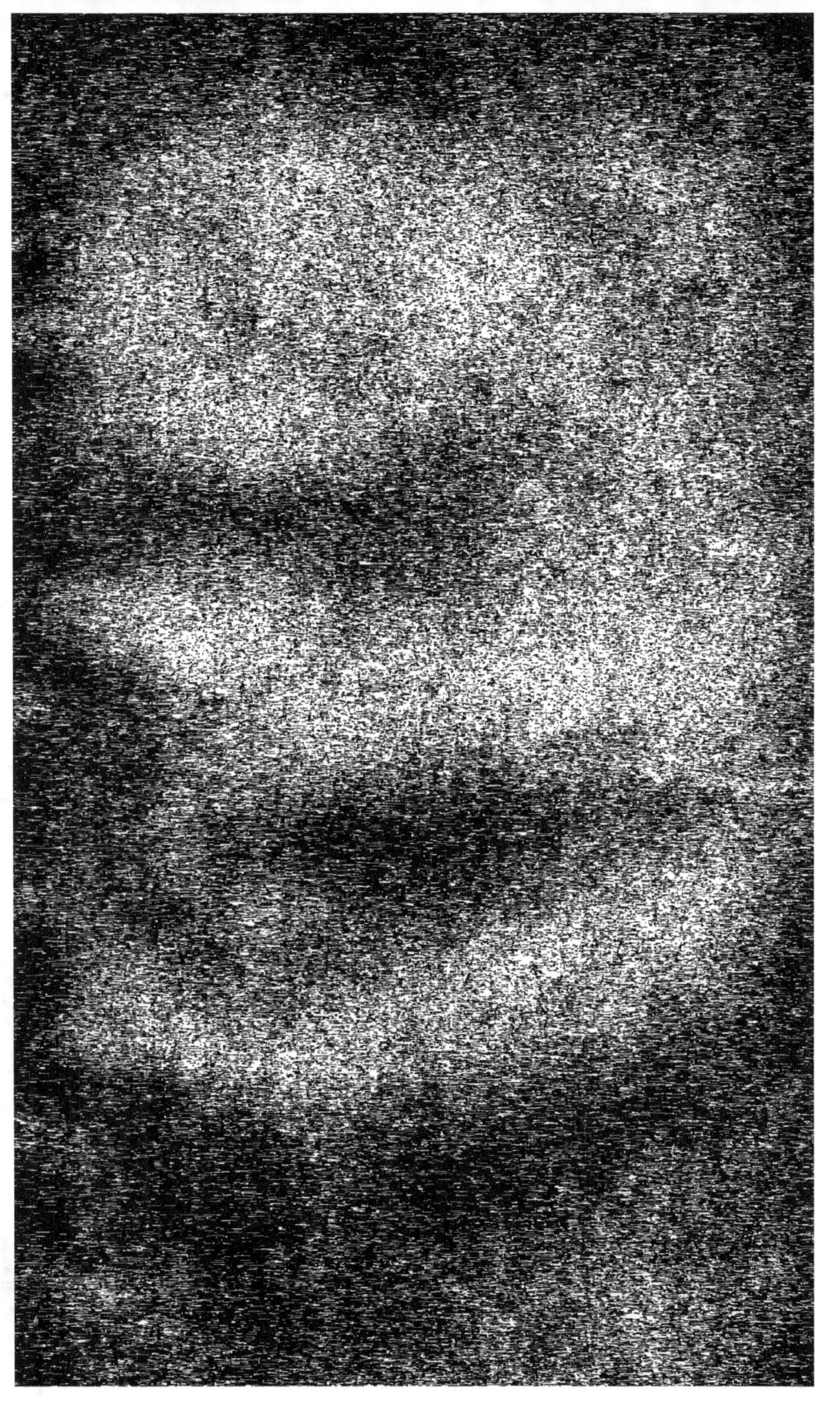

SE TROUVE À PARIS

À LA LIBRAIRIE ERNEST LEROUX

RUE BONAPARTE, 28

www.ingramcontent.com/pod-product-compliance
Lightning Source LLC
LaVergne TN
LVHW051500090426
835512LV00010B/2254